유대인의 교육방법

명품가정
명품자녀

만들기

유대인의 교육방법

명품가정 명품자녀 만들기

저자 **김영실**

앞으로 가정을 꾸려야 하는 젊은이나 그들의 부모님들,
아울러 이미 가정을 세우고 가정의 문제로 인해 고민하는 이들에게…

목차

01. 행복한 가정이 나라를 세운다!   *9*

02. 경건한 자손   *21*

03. 이 세상 최고의 스승   *31*

04. 가족이 하나가 되는 방법   *39*

05. 부모 될 준비   *51*

06. 청년기를 어떻게 보내야 하나?   *61*

07. 이혼 할까? 말까?   *77*

08. 첫 키스는 첫날밤에!   *93*

09. 한국인의 교육과 유대인의 교육,
      그 공통점과 차이점   *103*

10. 어머니, 저를 돼지로 키우실 건가요? *117*

11. 불행한 아담의 가정 *125*

12. 아브라함 - 거짓말쟁이 남편 *135*

13. 맹자의 가정과 롯의 가정 *147*

14. 유혹을 이길 수 있을까?
    - 다윗, 솔로몬, 욥과 요셉 *159*

15. 엄마와 아들이 이혼하는 날 *171*

16. 우리 집엔 며느리 없어요! *179*

17. 부모를 어떻게 공경할까? *195*

18. 환영 받아야 할 태아! *205*

"God Bless You"

세상의 모든 부모가 하나님이 주신 귀한 가정을 위해
그리고 아이들을 위해 감사함으로 주님께 지혜를 구하며,
자녀들을 날마다 주님께로 더 가까이 데리고 가야 할
귀한 사명을 이루길 간절히 바라면서….

01 행복한 가정이 나라를 세운다!

"새해가 밝았습니다!"

"올해는 복 많이 받고 부자 되세요!"

새해가 되면 우리는 서로 정겨운 인사를 나누며 새해를 맞이한다. 어떤 사람은 새해의 해맞이를 위해 장시간의 수고를 마다하지 않고 바닷가나 산으로 가고, 집안의 눈길 가는 곳마다 새 달력이 걸려진다. 그러나 새해에 실천할 어떤 일에 대해 새롭게 각오를 다지지 않는다면, 새해는 우리에게 아무런 의미를 주지 못하고 애꿎게 나이만 한 살 더 먹게 될 뿐이다.

해가 바뀌면 각 교회와 개인도 새로운 표어를 내걸고 기도와 더불어 이를 실천하려 노력한다. 우리 신앙인은 눈을 크게 뜨고 올해 목표를 '교회의 부흥'에서 '국가와 후손을 위한 부흥'에 두어야 하며, 이를 위해 구체적인 실천 방안을 찾아야만 한다. 우리는 지금 '나' 자신에서 벗어나 '국가와 후손'으로의 눈높이 전환 시점에 서 있기 때문이다.

5천 년의 역사를 이어 내려오는 동안 우리나라는 수많은 내란과 전쟁을 겪어왔다. 역사를 공부했거나 텔레비전에서 사극을 본 사람이라면 그 반만 년의 세월이 얼마나 큰 슬픔으로 얼룩져 있는지 잘 알 것이다. 통계적으로 우리나라는 4, 5년마다 작은 내란으로 시달렸으며, 15~20년마다 외적의 침입으로 커다란 아픔과 고통을 겪었다. 그러한 영향을 받은 탓인지 우리나라 전래동화나 노래를 보면 슬픈 내용이 많고, 연극이나 드라마도 눈물 없이는 볼 수 없는 것이 많다. 우리가 흔히 새, 꽃, 바람, 달, 물소리 등의 자연에 빗대 마음을 표현할 때, '웃는다'가 아니라 '운다'라고 하는 것도 이러한 영향 때문일 것이다.

하지만 1950년의 6.25전쟁 이후, 격동기를 거치며 경제성장에 주력해온 우리는 과거 5천 년 역사에서 찾아보기 힘든 태평성대를 누리며 풍족한 세월을 보내고 있다. 오히려 살찌는 것을 걱정하는 이 풍요로움은 불과 2, 30년 전까지만 해도 생각할 수 없던 것이었다. 또한 우리는 전쟁의 공포와 무서운 외부 침략의 고통에서 벗어나 경제적 호황과 더불어 축복이 넘치는 삶을 살고 있다. 덕분에 얼마 전까지만 해도 우리는 큰 부자를 '백만장자'라고 표현했지만, 이제는 그것을 넘어 '억만장자'라는 말을 사용하고 있다. 이러한 안정과 풍요로움을 하나님께 감사드리지 않을 수 없다.

이처럼 우리가 육체적으로 편안한 생활을 누리고 있는 지금, 우리의 영혼은 어떤 상태에 놓여 있을까? 우리의 가정과 개개인의 마음은 옛날보다 더 행복해졌는가? 서로 더욱 사랑하고 감싸며 살고 있는가? 안타깝게도 그 대답은 "그렇지 않다"이다.

서로 감사하기보다는 불평을 하고, 자신의 욕심을 채우고자 싸우고 시기하고 질투한다. 또한 가정의 토대라 할 수 있는 부부의 사랑이 식고 서로 믿지 못함으로써 많은 가정이 여러 가지 문제를 안고 있다. 이에 따라 아이들마저 불행해지고 마음이 황폐해지고 있다.

가난했던 시절에 들어본 적 없는 우울증과 조울증, 자살 등 여러 가지 정신적 질병과 이상한 병명의 고통에서 오는 문제가 늘고 있는 것도 이러한 변화와 무관하지 않다. 새롭게 등장한 이런 문제들은 우리 마음에 불화를 만들어내고, 편안하고 안락해야 할 가정을 지옥으로 만들어 많은 사람을 방황의 길로 내몰고 만다.

그럼에도 이 시대의 많은 상담가와 조언가가 이렇게 이야기한다.

"세상에서 가장 중요한 사람은 당신이므로 가족이나

주위 사람들에게 괴롭힘을 당하고 있다면 혹은 당신과 성격이 맞지 않아 고생한다면 떠나라!"

참으로 가슴 철렁한 조언이 아닐 수 없다. 극단적으로 해석해 배우자나 자식보다 자신의 인생이 더 중요하니 주위가 귀찮으면 떠나버려도 좋다는 것이 아닌가?

이런 시대를 살고 있는 우리는 어디에다 삶의 기준을 세워야 할까? 어떻게 해야 나 자신은 물론 가정이 행복해질 수 있을까? 무엇이 국가와 후손을 위한 길인가? 어떻게 해야 우리도 선진국 대열에 들어설 수 있을까? 어떻게 해야 우리의 후손들이 훌륭하게 자라날까?

그 대답은 바로 여기에 있다! 그것은 크고 대단한 일이 아니라 '행복한 가정 세우기'라는 작은 일로부터 시작된다. 가정이 행복해야 훌륭한 자녀가 배출되고 그들의 건강한 사회생활과 종교생활은 나라가 올바로 나아가는데 큰 몫을 하게 된다. 다시 말해 행복한 가정이 많은 나라가 선진국이 될 수 있고, 더불어 국제적인 위상도 높일 수 있다.

그런데 안타깝게도 우리는 어떻게 해야 행복한 가정 나아가 좋은 나라를 만들 수 있는지 그 방법을 모르고 있다. 만약 세계적으로 국민소득이 높고 행복한 가정이 많은 나라로부터 배워 실천한다면, 아니 비슷하게 흉내라도 낸다면 우리의 행복한 생활과 선진국 진출은 그리 먼 얘기가 아닐 것이다. 먼저 행복한 가정을 만드는 방법을 배우고 실천하자. 귀 기울여 듣고 진지하게 배워 행동으로 옮기자. 행복한 가정을 만들기 위해 배우고 실천하는 것이야말로 우리나라를 살릴 제2의 독립운동이다. 그렇다면 누구를, 어느 나라를 우리의 역할모델로 삼을 것인가?

세계 민족 중에서 '행복한 가정'으로 성공한 민족은 바로 유대인이다. 이들의 역사는 우리의 역사와 비교할 수 없을 정도로 비참하고도 슬픈 고난의 세월로 점철되어 있다. 어쩌면 그것은 A.D. 33년에 죄 없는 예수그리스도를 십자가에 못 박을 때, 그들이 무책임하게 외쳤던 엄청난 말에 대한 보응일지도 모른다.

"그 (예수의) 피를 우리와 우리 자손에게 돌릴지어다!"(마태복음 27:25)

하나님은 37년이라는 긴 세월이 지나도록 참으시며 유대인이 그 죄를 회개하고 예수님을 영접하길 바라셨다. 그러나 목이 곧은 유대인은 끝까지 회개하지 않았고 결국 하나님의 심판은 로마 장군 디토(Titus)를 통해 이루어졌다. A.D. 70년에 로마는 이스라엘을 점령해 초토화했으며, 나라를 잃고 뿔뿔이 흩어진 유대인은 심지어 노예로 팔려가기도 했다. 이때부터 그들의 처절하고도 슬픈 역사는 이후 약 1900년에 걸쳐 이어 내려오게 되었다.

그처럼 전세계를 헤매며 유랑생활을 하던 유대민족이 수천 년 만에 나라를 찾아 독립을 선언한 것은 인류 역사상 두 번 일어나기 힘든 놀라운 기적이었다. 더욱 경이로운 일은 세계 인구의 0.2~0.3퍼센트에 지나지 않는 유대인이 세계적으로 가장 많은 노벨상을 받고, 미국을 좌지우지할 만큼 선진국 중의 선진국으로 성장했다는 점이다. 우리의 경제성장기와 마찬가지로 1948년에 독립해 이제 겨우 60여 년의 세월을 보냈을 뿐인데, 그들은 벌써 전세계의 경제, 정치, 금융, 교육, 의학, 문화, 예술, 보석상, 무기시장, 심지어 농수산물까지 장악하는 영향력 있는 국가로 발전했다.

곰곰이 생각해보자. 하나님의 축복 없이 이런 일이 일어날 수 있을까? 그건 불가능할 것이다. 그렇다면 그들은 어떻게 하나님의 크신 축복을 다시 얻을 수 있었을까? 무엇이 이 작은 민족을 거대한 나라로 만들었는가? 우리가 살아계신 하나님을 믿는다면 이는 분명 하나님이 그들의 삶에 개입하신 증거이고, 또한 친히 두 손 들어 축복을 주셨다는 의미로 받아들일 수밖에 없다. 왜 하나님은 아직도 구세주를 기다리고 있는 어리석은 그들에게 이런 큰 축복을 주셨을까?

그 이유, 그 비밀은 바로 가정에 있다. 행복한 가정! 바로 이것이 그들의 성공비결이다. 유대인은 세계 최저의 이혼율을 자랑하고 있으며 더불어 범죄율도 세계에서 가장 낮다. 그 이유는 아이들이 서로 사랑하는 부모 밑에서 하나님의 큰 축복을 거머쥘 능력을 지니며 건강하게 성장하기 때문이다. 오랜 방랑의 고통을 겪은 유대인은 매일 구약성경을 묵상하며 건강한 가정을 이루는 방법을 깨달았고 덕분에 독립 국가를 세워 선진국으로 발돋움할 수 있었던 것이다.

우리 민족은 그들보다 더 빨리 예수님을 모셨으며 성경도 더 두꺼운 신·구약을 가지고 많은 예배와 성경공부에 전념하고 있다. 그렇다면 우리의 가정이 그들보다 더 행복해야 하고, 우리나라가 더 크게 성장하는 것이 마땅한 일이다. 그런데 안타깝게도 오늘날 많은 가정이 무너져 내리고 있으며, 또한 많은 아이들이 세상에 태어났음을 원망하며 방황하고 있다. 하루도 빼놓지 않고 가정폭력과 학원폭력에 대한 이야기가 매스컴을 장식하고, 젊은 부부의 이혼율은 날이 갈수록 늘고 있다. 동네마다 교회 십자가는 셀 수 없을 만큼 많이 보이고, 우리나라 인구의 30퍼센트가 기독교인인데, 대체 이것이 어찌된 일인가? 왜 이처럼 앞뒤가 맞지 않는 현상이 벌어지고 있는 것인가?

우리는 지금까지 우리가 크게 잘못 살아왔다는 것을 인정하고 이에 대해 가슴치고 슬피 울며 하나님 앞에서 회개해야 한다. 이제 무엇을 어디부터 어떻게 고쳐야 하는지, 그 잘못된 점을 찾아내 주님의 도우심으로 바꿔보자. 새로운 대한민국을 세워 우리의 자녀들에게 자랑스러운 선진국 대한민국을 물려주자.

어떻게 해야 이혼 없는 '행복한 가정'을 세울 수 있을까? 어떻게 해야 우리의 후손이 행복한 삶을 영위할 수 있을까? 만약 '행복한 가정'만이 우리나라가 선진국으로 진출하는 해결점이라는 것에 공감한다면 이것에 대해 깊이 고민하며 함께 풀어가 보자. 그래서 하나님이 주신 삼천리금수강산을 아름답게 바꿔보자.

'행복한 가정'은 저절로 만들어질까? 결코 그렇지 않다. 세상에 완전한 가정은 하나도 없다. 우리는 구약을 통해 성경에 나오는 위대한 인물들의 가정도 많은 문제를 안고 있었음을 알 수 있다. 결국 '행복한 가정'은 가족이 서로 행복하려고 노력해야만 창출할 수 있는 것이다. 어떻게 해야 우리가 '행복한 가정'을 만들어 하나님께 영광을 돌려드릴 수 있을까? 이것을 함께 고민하며 성경에서 보여주는 믿음의 가정과 유대인의 가정생활을 배워 우리도 그대로 행해보자.

한국의 모든 교회와 교인들에게 외치고 싶다!
"모든 교회가 '교회 부흥'에 앞서 '행복한 가정'을 세우기 위해 함께 노력한다면, 교회는 우리나라 아니 전세계를 바꿀 힘을 갖게 될 것이다!"
새해, 모든 교회의 목표가 '행복한 가정 만들기'라면

우리의 행복한 가정과 더불어 하나님도 예수님도 성령님도 무척 행복해하실 것이다.

02 경건한 자손

20년 전, 우리 사회는 "아들딸 구별 말고 둘만 낳아 잘 기르자" 혹은 "무자식이 상팔자!"란 구호를 외치며 인구 증가를 막는 분위기가 지배적이었다. 그러나 요즘은 인구 감소로 인해 자녀를 더 많이 낳아야 한다는 절절한 목소리가 울려 퍼지고 있다. 그럼에도 많은 젊은 부부가 여러 가지 핑계를 대며 아이 낳기를 꺼려하고 있다. 나에게는 아들이 둘이 있는데 만약 아이들이 결혼을 한다면 나는 당연히 손자를 기다릴 것이다. 내 아이들이 아기를 낳아 키우는 것이 힘들고 귀찮다는 이유로 아기를 낳지 않는다면, 내 가슴에 커다란 구멍이 생길 정도로 크게 섭섭할 것 같다.

하나님의 심정도 마찬가지일 것이다. 능력이 많으신 하나님은 돌덩이로도 아브라함의 자손을 만드실 수 있지만, 여자와 남자를 짝지어 그들의 삶을 통해 새 생명, 즉 거룩한 백성을 얻길 원하신다.

우리는 구약성경 말라기를 통해 주로 십일조에 대한 설교를 많이 들었다. 그 말라기에는 오늘날 우리가 가정생활을 하면서 꼭 알아야 할 '부부의 도'에 대해서도 말씀하고 있다. 당시에도 오늘날처럼 사람들이 아기 낳기를 싫어하자 아기를 기다리시는 하나님이 노해 말씀하신다.
"너희는 이르기를 (하나님이 화내심이) 어찜이니까 하는 도다. 이는 너와 너의 어려서 취한 아내 사이에 여호와께서 일찍이 증거하셨음을 인함이니라. 그는 네 짝이요 너와 맹약한 아내로되 네가 그에게 궤사를 행하도다. 여호와는 영이 유여하실지라도 오직 하나를 짓지 아니하셨느냐 어찌하여 하나만 지으셨느냐? 이는 경건한 자손을 얻고자 하심이니라. 그러므로 네 심령을 삼가 지켜 어려서 취한 아내에게 궤사를 행치말지니라." (말라기 2:14-15)

결혼식 날, 두 사람이 부부됨의 증인은 축하객이 아니라 '하나님'이라고 하신다. 그러므로 하나님과 여러 증인 앞에서 맹세하며 맞이한, 즉 어려서(젊어서) 맞이한 아내를 버리지 말라고 경고하신다. 또한 하나님은 그 아내에게서 태어날 자녀를 '경건한 자손'이라고 결론지으시며, 우리에게서 경건한 자손을 얻길 원해 한 명의 남편에게 한 명의 아내를 주신 것이라고 말씀하고 있다.

이어 "나는 이혼하는 것과 학대로 옷을 가리는 자를 미워하노라"라고 하신다. 영어로는 "I hate divorce!"라고 쓰였는데, 좀더 정확한 해석은 "나는 이혼하는 것을 증오하노라!"라고 해야 한다.

오늘날 많은 사람, 심지어 기독교인들도 이러한 하나님의 법칙을 깨닫지 못하고 있다. 그들은 결혼하기 싫어하거나 함부로 이혼해 하나님과 주위 사람들의 마음을 아프게 한다. 또한 어떤 사람은 결혼을 했어도 아기 키우는 것이 힘들고 경제적으로 어렵다고 하며 아기 낳기를 주저해 경건한 자손을 기다리시는 하나님과 부모님의 마음을 슬프게 한다.

나는 간혹 교회 일에 몰두해 아기 낳기를 꺼려하는 젊은 부부를 만나기도 한다. 그들은 자신들이 아기를 출산하고 양육한다면 교회 일을 대신 할만한 사람이 없어 하나님과 교회 목사님이 슬퍼하실 것이므로 아기를 낳지 않는다고 핑계를 댄다. 또 어떤 이들은 "예수님이 곧 재림하실 것이기 때문에 자식을 낳아 기를 시간이 아깝다"며 믿음이 좋은 척 어리석은 말을 한다.

하나님은 불가능이 없으신 능력의 신이 아닌가? 하나님은 이미 그 자리에 딱 어울리는 일꾼을 준비해 놓으셨음에도, 우리가 이를 보지 못하고 전능하신 하나님을 내 안에 가두어 놓고 내 마음에 맞추어 하나님을 섬기는 실수를 범한다. 진정 하나님을 기쁘게 하는 일이란, 하나님이 원하시고 기다리시는 경건한 자손을 만들어드리는 일이 아닐까? 예수님께서 내일 재림하시더라도 하나님의 백성은 날마다 탄생해야 하며, 그렇게 교회의 주일학교 숫자도 늘어가야 한다. 그렇다면 하나님이 원하시는 경건한 자손을 어떻게 만들어드릴 수 있을지 생각해보자.

하나님은 말씀하시길 "한 남편이 어려서 취한 한 아내에게서 태어난 아기가 경건한 자녀"라고 하신다. 이것은 아브라함의 첫 번째 아내인 사라에게서 태어난 이삭은 경건한 자손이지만, 첩 하갈에게서 태어난 이스마엘은 경건한 자손에 속하지 못한다는 말씀으로 이해할 수 있다. 오늘날 사라의 자손들은 다시 독립한 이스라엘 민족으로 여호와 하나님만을 섬기지만, 하갈의 자손들은 아직까지 영적으로 깨어나지 못하고 미개한 상태에 있으며 정신적, 육체적으로도 축복을 받지 못하고 있음을 본다.

경건한 자손과 그렇지 않은 자손의 구별은 단지 이스라엘 민족에게만 국한된 것이 아니다. 우리가 살아가는 이 시대에도 사라의 자손과 하갈의 자손 같은 예는 얼마든지 볼 수 있지 않은가? 그렇다면 우리도 사라처럼 거룩한 자식들을 만들어야 하지 않겠는가?

우리의 오장육보는 하나님의 손길로 만들어졌으며, 우리의 성기능은 하나님의 놀라운 솜씨이자 인간에게 주신 최고의 선물이라고 생각한다. 나는 부부 '성생활'의 '성'을, 거룩할 '성(聖)'으로 풀이해야 한다고 본다. 성은 기쁨이자 생명이며 하나님의 경건한 백성을 만들어내기에 합당한 조물주 하나님의 거룩하고 훌륭한 작품이기 때문이다.

우리는 아침에 일어날 때나 저녁에 누울 때, 그리고

매번 식사를 할 때 잊지 않고 감사기도를 드리고 있다. 그러나 정작 부부가 성을 나눌 때는 성의 기쁨을 만들어주신 하나님께 감사기도를 하지 않는다. 감사는커녕 자신이 모든 것의 주인인양 생각하고 하나님을 무시한 채 성을 나눈다. 어쩌면 그분 앞에서의 '괘씸죄'로 인해 아직도 대한민국은 다양한 분야에서 노벨상을 받은 자손을 배출하지 못한 것이 아닌가 생각해본다.

현대과학과 의학에 따르면 태어난 아기가 평생 살 동안의 건강과 성격 나아가 정신상태는 거의 대부분 엄마의 태중에 있을 때 만들어진다고 한다. 1800년대를 살아간 이조시대의 현명한 여인, 사주당 이씨는 〈태교신기〉에 기록하길, "한번 태어난 아기가 훌륭한 선생님에게 십 년을 공부하는 것보다, 태어나기 전 엄마 태내에서의 열 달의 수업이 더욱 중요하다!"라고 하였다. 이어 그녀는 "그러나 아버지의 하루는 더욱 중요하다!"라고 놀라운 진리의 말을 후손에게 전했는데, 유아에 대한 최근의 임상실험 결과가 실제로 그것을 증명하고 있다.

그것은 "아기가 잉태되는 날 밤의 부부의 마음과 정신상태가 그 아기의 인생을 좌우하게 된다"라는 매우 충격적이고 놀라운 결과였다. 연구진은 아기가 잉태되는 날 아버지가 술에 취한 상태라면, 그 아기는 자라면서 술주정뱅이 아버지를 증오하며 "나는 그렇게 되지 말아야지!"라고 결심할지라도 그들 중의 80퍼센트는 술꾼이 될 가능성이 크다는 것을 밝히고 있다. 실제로 우리는 그런 아버지 밑에서 자란 자녀가 자기 아버지의 모습을 싫어하면서도 똑같이 닮아가는 것을 종종 보게 된다. 우리나라 옛말에 "아버지 날 낳으시고 어머니 날 기르시니"라는 말처럼, 정말로 아기는 아버지가 낳는 것이나 다름없다.

그렇다면 이제 해결점이 보인다. 만약 아버지가 술이 아닌 성령에 취해 감사함으로 아기를 잉태시켰다면 틀림없이 그 아기는 예수님을 닮은 경건하고 품위 있는 훌륭한 자손으로 태어날 것이 확실하지 않은가? 이제 경건한 자손을 만들 수 있는 해답은 우리 손에 있다.

남성의 정액이 배출될 때 한번에 3억에서 5억 마리 정도의 정자가 쏟아져 나온다. 올챙이 모습을 한 정자는 꼬리를 흔들며 난자를 향해 돌진하는 데 그 길이 매우 멀고 험하다. 정자는 꼬리를 흔들며 헤엄을 치다가 꼬리가 떨어져나가 지쳐 죽거나 산성에 녹아 죽기도 하면서 3일 정도 길고 위험한 여행을 하는 것이다. 결국 힘이 센 몇 마리의 정자만 살아남아 난자 곁에 이르지만, 난자는 자기 맘에 드는 정자 한 마리만 받아주고는 매몰차게 문을 닫아버린다. 힘이 세고 잘 준비된 정자 한 마리만 살아남는 셈이다. 난투 끝에 만난 난자와 정자는 만나는 순간부터 놀라운 속도로 세포분열을 시작하며, 무어라 표현하기 힘들 정도로 경이롭게 엄마의 자궁 안에서 9개월 반 동안 새 생명을 만들어간다(영국의 Open University 제공).

옛날에 우리나라에는 칠거지악(七去之惡)이라고 해서 여인이 아기를 낳지 못하면 친정으로 쫓겨 가는 일이 종종 있었다. 그런데 당시에 여인이 산 속의 절에 가서 100일 기도를 드리고 나면, 신기하게도 아기를 잉태하는 일이 벌어지기도 했다. 엄마가 될 사람이 공기 좋은 곳에서 아기를 위한 기도를 하고, 아내를 기다리는 남편도 3개월 정도 아기를 위해 경건한 몸과 마음상태로 지냈기에 얻어진 결과가 아닌가 생각해본다.

 마찬가지로 오늘날에도 젊은 부부가 우주를 지으시고 나를 아시는 하나님께 깊은 감사와 준비된 마음으로, 그리고 경건한 기도로 아기의 잉태를 기다린다면 귀한 선물이 주어질 것이라 믿는다. 물론 그 아기들은 틀림없이 건강하게 자라나 나라와 민족을 살릴 귀한 하나님의 큰 일꾼이 될 것이다.

03 이 세상 최고의 스승

'아빠'와 '아버지!' 그리고 '하나님 아버지'는 무슨 관계가 있는가?

우리는 나를 낳으시고 키우시는 육신의 부모님을 아버지라고 부른다. 그리고 하늘에 계신 하나님 역시 아버지라고 부른다. 이것은 육신의 아버지가 보이지 않는 하나님의 모습을 담았기에 호칭이 같은 것은 아닐까?

그렇다! 가정의 아버지는 하나님의 대리인이므로 그 권위는 예수님이 보여주셨던 모범적인 사랑으로 나타나야 한다. 따라서 이제라도 아버지가 자녀와 아내에게 최고로 존경받는 가장이 되어, 행복한 가정을 이끄는 방법을 생각해보아야 한다.

가정의 행복은 육신의 아버지가 아버지 역할을 잘하느냐 못하느냐에 달려 있다. 현대를 살아가는 아버지들은 가정을 위해 경제를 책임지느라 아침부터 밤늦게까지 일하며 힘겨운 삶을 영위하고 있다. 그러나 열심히 일해 경제적인 면만 풍족하게 해준다고 해서 아버지 역할을 다했다고 할 수는 없다. 돈을 많이 벌어 자녀에게 좋은 교육 환경을 제공한다고 해서 자녀교육에 성공한다고 장담할 수도 없다. 우리는 종종 돈을 많이 벌어다 주는 아버지와 그 자녀가 큰 낭패를 겪는 경우를 보게 된다.

아버지의 역할은 크게 네 가지로 분류할 수 있다.
첫째, 가족의 필요를 채울 수 있는 경제적 의무를 다해야 한다. 둘째, 사랑으로 가정을 보호하는 보호자 역할을 해야 한다. 셋째, 하나님의 말씀으로 자녀를 훈계

하는 훈계자가 되어야 한다. 넷째, 가족을 예수님께로 인도하는 인도자의 역할을 해야 한다. 성공적인 훌륭한 아버지는 이 모든 역할에 충실히 임한다. 이는 하나님께서 각 가정의 아버지에게 원하시는 온전한 모습이며, 또한 가족과 이웃에게 존경과 사랑을 받는 아버지의 모습이다.

나는 신앙적으로나 사회적으로 성공한 사람을 많이 만났다. 흥미로운 것은 그들이 공통적으로 훌륭한 아버지를 두었다는 점이다. 좋은 육신의 아버지를 둔 사람들은 하나님 아버지도 잘 믿고 신앙생활과 사회활동도 멋지게 해낸다. 그들의 인생은 행복하고 또한 성공적이다. 그러나 책임감과 사랑이 없는 아버지를 만난 사람들은, 깊은 신앙을 갖기도 힘들고 나아가 사회와 가정생활도 원만히 해내지 못한다.

육신의 아버지에게 성경을 배운 사람은 깊은 신앙생활과 더불어 부모를 존경하며 행복한 삶을 살게 된다.

눈에 보이는 아버지를 사랑하는 그들은 눈에 보이지 않는 하나님도 사랑하기 때문이다. 육신의 아버지가 하나님을 경외하는 모습을 보며 자라나는 아이의 뇌는 그렇지 못한 아이의 뇌에 비해 무척 성숙해 있다.

현대의 많은 아버지가 자녀에게 비싼 교육을 시킬 목적으로 밤낮으로 고생하며 돈 벌기에 열중한다. 그러나 그런 고생은 정말 허무하고 미련한 일이다. 자녀가 이미 성장한 후에 후회하지 않으려면 좀더 일찍 깨달아야 할 것이 있다. 그것은 자녀가 성공적으로 자라나도록 할 수 있는 방법이 성경에 들어 있다는 점이다. 성경이 그 길을 우리에게 알려주는 것이다.

"여호와를 경외하는 것이 지식의 근본이거늘"(잠 1:7)

매일 시간을 정해 혹은 저녁식사 시간에 자녀들과 함께 성경 말씀을 나눠보자. 이는 하나님을 섬기는 기초이자 자녀들을 출세시킬 수 있는 '성공의 열쇠'이다.

인류 역사에 큰 영향을 끼친 많은 인물이 아버지로부터 성경 말씀을 배웠다고 한다. 이는 그 쉽고 간단한 방법이 놀라운 결과를 가져온다는 것을 역사가 증명하는 셈이다. 오늘부터 시작해보자. '애들이 이미 다 컸는데…', '아이들이 교회에 정기적으로 나가니까 목사님과 전도사님에게 배우겠지', '나에게 성경을 가르칠 자격이 있나?' 이런 식의 핑계를 댄다면 당신은 비겁한 사람이다.

이 세상 최고의 선생님은 바로 아버지이다. 당신이 지혜로운 아버지가 되길 원한다면 미루지 말고 오늘부터 시작하라. 바쁜 시간을 쪼개서라도 시작해야 한다. 아버지와 함께하는 교육의 영향은 그 효과가 엄청나다. 최소한 주일날만이라도 시간을 내 자녀와 함께 성경을 토론하는 아버지가 되어야 한다.

내가 아는 어떤 집사님은 매일 저녁식사를 마친 뒤, 자녀들과 함께 예배드리는 방으로 들어가 성경 말씀을 나누며 찬송가를 부르고 예배를 드린다. 집에 손님이 계시면 함께 초청해 예배를 드리든지, 아니면 손님께 양해를 구하고 자녀들과 함께 예배 방으로 들어간다. 수요일이나 금요일 저녁, 부모가 교회에 예배를 드리러 가면 그 자녀들은 둘이 남아 예배를 드릴 정도로 습관이 되어 있다. 그 아이들은 학교의 정기수업 외엔 아무런 과외수업을 받지 않는다. 그래도 그들은 부모님께 순종하고 나아가 학업성적도 우수하며 각종 시상대회에서 좋은 성적을 거둬 가정에 기쁨을 선사하고 있다. 이는 살아계신 하나님과 육신의 아버지가 함께 이룬 성과가 아닐까?

뉴욕에서 나에게 오르간을 가르쳐준 한국 청년, 홍현일(John Hong)은 세계적으로 이름이 알려진 줄리아드 음악원(Juliade Music School)에서 오르간 전공으로 학사와 석사과정을 마쳤다. 명성 높은 줄리아드에는 한국 학생이 무척 많지만, 전액 장학금을 받고 다니는 학생은 거의 없다. 그러나 John Hong은 담당교수보다 더 뛰어난 오르간 솜씨로 전액 장학금을 받고 학교를 다녔다.

그는 헨델(F. Handel)의 메시아(Messiah)는 물론 오라토리오(Oratorio, 보통 1~2시간 정도 연주하는 교회 음악)도 악보를 보지 않고 연주할 정도로 막강한 실력이 있다. 두 개의 페달을 사용해 연주하는 피아노와 달리, 오르간의 페달은 서른두 개나 되고 여기에 음량을 조절하는 페달이 따로 서너 개가 달려 있다. 또한 성능 좋은 오르간에는 오르간의 음색을 섞어야 하는 스탑이 300~400개씩(오르간에 따라 다르지만) 달려 있다. 오르간 앞에서의 그의 손과 발은 마치 곡예를 하는 것 같고, 연주가 환상적이라 입을 다물지 못할 정도이다. 그는 이러한 재능을 충분히 살리는 것은 물론 성경을 창세기부터 요한계시록까지 거의 다 암기하여 누구를 만나든 성경을 가르치며 전도하고 있다.

누가 봐도 그는 천재에 가깝지만, 그 자신은 천재라 불리는 것을 싫어한다. 그는 자신이 아기 때부터 목사였던 할아버지와 아버지로부터 성경 말씀을 배운 것이 오늘의 자신을 만든 것이지 결코 천재이기 때문은 아니라고 말한다.

당신의 자녀를 천재로 만들고 싶은가? 그렇다면 오늘부터 아버지인 당신이 '집안의 목사님'이 되어 자녀들과 함께 성경 공부를 해보자. 아침저녁으로 가족을 축복하며 서로의 대화를 만들어가자. 그러면 자녀들은 학원을 전전하지 않아도 명석한 두뇌로 세상을 이길 힘을 단단히 기를 것이며, 가정은 사탄이 넘보지 못하는 아름다운 천국이 될 것이다.

04. 가족이 하나가 되는 방법

"여보! 식사 준비 다됐어요!"

퇴근한 후 배가 고팠던 남편은 낯선 그릇에 담긴 찌개 냄새를 맡으며 물었다.

"음~ 이 된장찌개 누가 끓인 거야? 이건 못 보던 그릇인데?"

"아까 이웃집 아주머니가 갖다 주신 거예요."

"야~ 이 된장찌개 맛있다! 그래, 이 맛이야! 어떻게 끓였는지 당신도 좀 배워와."

은근히 마음이 상했던 아내는 다음날 상담소를 찾아갔다.

"남편은 늘 제가 만든 음식이 맛없다고 불평을 해요. 어제는 일부러 새로 사온 그릇에 된장찌개를 끓여놓았어요. 남편의 반응을 보려고 이웃집 아주머니가 주신 거라고 하니까 매일 제가 끓인 된장국이 맛없다고 불평하던 남편이 아주 맛있다며 잘 먹더군요. 제가 이런 남편을 의지하며 평생 함께 살아가야 하나요? 우린 서로를 너무 몰라요."

서로의 마음을 알아주지 않고 서로 감사하지 못하는 부부는 결혼생활에서 행복을 기대하기 어렵다. 옛말에 "부부는 일심동체"라고 했는데, 여기서 '일심'이 앞에 나온 이유는 마음이 하나가 되어야 비로소 몸이 하나가 될 수 있기 때문일 것이다. 이는 역설적으로 부부가 마음이 하나가 되지 못하면 몸도 하나가 될 수 없다는 진리를 담고 있다.

안타깝게도 많은 부부가 결혼생활에서 하나가 되지

못하고 있음을 우리는 잘 알고 있다. 같은 언어를 사용하고 있으면서도 남편과 아내의 생각과 성격이 달라 서로의 뜻과 말이 통하지 않는 것이다. 어떻게 해야 가족이 하나가 될 수 있을까?

하나님은 말씀으로 세상을 지으시고 사람을 맨 마지막에 만드셨다. 천지 만물은 매우 아름답고 훌륭하게 지음 받았으며, 만물이 지음 받은 목적은 바로 하나님의 백성인 우리를 위함이었다. 하나님은 엿새에 걸쳐 만물을 지으시고 아담과 하와를 빚어 가정을 만드셨으며 천지를 다스리고 땅에 충만하라고 말씀하셨으니, 이 얼마나 놀랍고도 감사한 일인가!

하나님이 사람을 만드신 이유는 우리를 사랑해주시기 위해서이다. 그래서 사람의 모습을 그분의 형상을 따라 지으시고, 아담과 하와를 만드시어 결혼시키고 '무척 기뻐하셨다'고 성경에 기록되어 있다. 하나님은 우리에게 가정을 선물하셨다. 하나님의 형상을 따라 만들어진 우리는 그분의 겉모양뿐 아니라, 내적인 모습까지도 닮아야 한다. 외면과 내면이 모두 하나님의 형상을 닮아 지어졌기에 양면이 주님을 닮아야만 우리는 행복해질 수 있다.

우리가 하나님과 떨어져 세상에 속하여 지낼 때는 행복을 느낄 수 없고 참 만족을 가질 수 없지만, 하나님과 연합하여 하나가 될 때는 참된 행복을 누릴 수 있다. 그 이유는 우리가 영적으로 하나님의 형상을 따라 지음 받았기 때문이다.

만물의 영장인 우리는 동물과 다르게 창조되었지만, 하나님을 섬기지 않는 어떤 사람들은 마치 동물처럼 아니 그보다 못하게 살아가기도 한다. 그래서 인류의 역사는 전쟁과 피와 고통으로 얼룩져 있고, 우리나라의 5천 년 역사도 커다란 고통과 슬픔의 연속이다. 이렇게 대를 이어 내려오는 불행으로 인해 주위의 많은 가정이 슬픔의 수렁에서 헤어나지 못하고, 어떤 가정은 동물보다 못한 삶을 살고 있음을 볼 때 정말로 가슴이 아프다.

구약성경에 나오는 많은 인물에서 볼 수 있듯 문제가 없는 가정은 없다. 우리 믿음의 조상 아브라함의 가정도 소돔과 고모라에서 구원받은 의인 롯의 가정도 그리고 이삭, 야곱, 다윗, 솔로몬의 가정도 각각 크고 작은 문제를 안고 있음을 보게 된다. 아니, 구약성경에 나타난 가정들만 문제가 있는 것은 아니다.

이 시대를 살아가는 우리의 가정에도 문제가 있기는 마찬가지다. 어떤 가정은 경제적 문제로 또 어떤 가정은 자녀 문제로 고통을 겪는다. 그렇다면 부자는 행복할까? 이 나라의 경제를 살리고 세계적으로 엄청난 사업을 일으킨 큰 기업의 회장들은 가정에 문제가 없을까? 그렇지 않다. 우리는 뉴스를 통해 그들에게도 **뼈를** 깎는 아픔이 있음을 알고 있다.

돈이 많든 적든, 신앙이 있든 없든 어려운 문제는 어느 가정에나 찾아온다. 그렇다면 결론은 하나다. "의인은 없나니 하나도 없다"(롬 3:10)는 말씀처럼, 문제가 없는 가정은 이 세상에 하나도 없다. 그러나 그 문제를 서로에게 떠밀며 핑계를 대지 않고 함께 해결하려 노력하는 가정은 행복한 가정이 될 수 있다.

여자와 남자는 서로 다른 면을 지니고 있기에 100퍼센트 이해하며 함께 가정을 이끌기는 쉽지 않다. 서로 사랑해서 결혼을 했지만, 결혼하기 전까지 두 사람은 20년 내지 30년을 다른 환경에서 살아왔다. 다른 성격과 다른 자녀교육 방식 그리고 다른 습관을 지닌 부모 밑에서 자란 두 사람은 다른 뇌 구조로 성장할 수밖에 없다.

따라서 결혼과 동시에 성격과 인격이 다른 두 사람이 한마음 한뜻으로 지낸다는 것은 매우 어려운 일이다. 그렇다면 부부가 하나로 이어질 수 있는 방법은 무엇일까? 그것은 바로 주님 안에서 부부가 결합하여 단단한 세 겹줄로 굳게 이어지는 길뿐이며, 그렇게 살았던 우리 믿음의 조상들이 행복한 결혼생활을 했음을 기억해야 한다.

성부, 성자, 성령님이 하나인 것처럼 가족 모두가 하나가 되어야 하며 특히 부부는 누구보다 대화를 많이 나눠야 한다. 외국어도 아닌, 같은 한국말을 사용하는데 왜 부부가 말이 통하지 않는다고 하는가? 이는 상대의 말을 귀담아 듣지 않은 채 모든 것을 내 방식대로 판단하고 자기 말만 하기 때문이다. 자기 말은 잘하지만 대화방법을 몰라 생기는 결과가 행복해야 할 우리의 가정을 불행으로 내리닫게 한다.

이에 대한 해결방법 중 하나는 부부가 서로의 의견을 들어주고 상의하고 하나님이 원하시는 뜻에 따라 집안의 대소사를 결정하는 것이다. 부부와 주님의 관계가 질 이어진다면 남편과 아내가 생각하는 것과 추구하는 꿈이 하나가 될 수 있다. 자녀를 교육하는 방법과 방향, 신앙의 색, 돈을 모으는 목적 그리고 음식을 먹는 입맛도 하나가 된다. 그렇게 되면 부부는 주 안에서 더 깊은 사랑을 나눌 수 있고, 자녀들도 부모님께 순종하며 훌륭한 주님의 일꾼으로 자랄 수 있다.

구체적으로 어떻게 해야 우리 가정이 하나가 되는 체험을 할 수 있을까? 가장 확실한 방법은 가정예배를 하는 것이다. 집안의 작은 공간을 주님께 드려야 한다. 그곳에는 가족이 둘러앉을 수 있는 책상이 있어야 하며 항상 성경과 찬송이 놓여 있어 언제라도 가족이 함께 예배를 드릴 수 있어야 한다. 예배를 드리면서 오늘 말씀에 대한 서로의 생각을 나누며 가족의 일을 상의하고 함께 노력한다면, 지상의 천국을 맛볼 수 있으며 동시에 가족 모두가 하나로 연합할 수 있다.

주님은 우리에게 "(천국은) 여기 있다 저기 있다고도 못하리니 하나님의 나라는 너희 안에 있느니라"(눅 17:21)라고 말씀하셨다. 우리 마음속에 먼저 천국이 이루어져야 이 세상을 떠날 때도 천국에 갈 수 있지 않을까? 이 세상에서 살아가는 것이 괴롭기만 하다면 우리의 생은 너무 힘들고 마음의 평화와 행복은 찾을 수 없을 것이다. 그러나 내 가정과 내가 생활하는 곳이 나로 인해 천국으로 변할 수 있는 가능성이 풍부한 곳임을 깨달아 천국을 이루려고 노력한다면, 틀림없이 하나님이 기뻐하시며 성령님의 도우심이 함께할 것이다.

혹자는 내게 이렇게 말할지도 모른다.

"내 배우자는 신앙에 너무 무지해서 하나님이 누구신지 모르기에, 도저히 주님을 영접하고 나아가 가정예배를 드린다는 것은 상상할 수 없습니다. 그러니 이 같은 이야기는 나에게 이루어질 수 없는 꿈입니다."

그렇다면 나는 이렇게 외치고 싶다. 당신은 하나님의 능력을 믿는가? 그분은 해와 달과 천지를 만드신 능력의 하나님이시요, 죽은 자도 살리시는 분이라는 것을 인정하는가? 그분은 나를 천국으로 데려가실 분이요, 무에서 유를 만들어내시는 능력이 무한한 하나님이심을 믿는가?

신앙과 율법 없이 살아가는 당신의 배우자는 하나님이 지으신 천지와 비교할 때, 정말 보잘것없고 나약한 한 인간이다. 하나님은 때로 우리 인생을 '구더기'와 '메뚜기' 혹은 '지렁이'라고 부르신다. 하나님의 무한한 능력이 메뚜기와 지렁이 같은 당신 배우자의 마음과 생각을 바꿀 수 있지 않겠는가? 놀라운 힘을 가진 하나님이심을 인정하면서 아뢸 때, 우리 가정은 곧 주님의 기적을 체험하게 될 것이다. 이것이야말로 하나님 앞에서의 진정한 믿음이다.

가정을 작은 교회로 만들었다면 주님을 교회의 주인으로 초대하자. 그 작은 교회에 주인 되신 주님은 오셔서 기쁘게 가정을 축복하시며 부부를 하나로 연결시키고 자녀들의 갈 길을 인도해주실 것이다. 매일 부부가 함께 자녀들과 가정 제단을 쌓도록 노력하자. 자녀들이 더 커져 부모의 품을 떠나기 전에 그들의 가슴에 가정예배를 심어주어야 한다. 그러면 당신은 머지않아 변해가는 자녀의 모습과 더욱 사랑에 충만한 부부의 모습을 보게 될 것이다.

  오늘도 주님은 문 밖에서 기다리시며 우리가 문을 열고 주님을 주인으로 모시기를 기다리고 계신다. 주님은 인격을 가진 분이시기에 우리가 모셔 들이지 않으면 함부로 문을 열고 들어오시지 않는다. 문 밖에서 두드리시는 예수님의 모습이 그려진 그림을 본 적이 있는가? 예수님께서 노크하는 그 문에는 문고리가 없다. 주님을 모시는 문은 안에서만 열 수 있다. 예수님을 지금 당신 마음속의 구주로 모셔라! 지금 당장 집의 주인으로 모셔라! 입을 열어 큰소리로 말씀드리자.

  "주님! 내 주인으로 오시고 우리 집의 주인으로 오셔서 무너져가는 이 가정을 고쳐주시옵소서. 믿습니다."

05. 부모 될 준비

 "축하드립니다! 귀하의 성적은 90점이니 결혼을 해도 좋다는 결혼면허증을 드립니다. 결혼해서 행복한 가정을 만드십시오."

 "귀하의 점수는 60점입니다. 결혼생활이 무엇인지 잘 모르면서 어떻게 결혼을 할 수 있습니까? 열심히 공부해 '결혼면허증'을 취득하기 위한 재시험을 보십시오."

 물론 이것은 현실이 아니라 내가 꿈꾸는 얘기지만, 나는 하루속히 대한민국에서 '결혼면허증' 제도를 시행해야 한다고 생각한다.

 역사적으로 볼 때, 한 나라가 멸망하기 전에는 예외 없이 가정 파괴 현상이라는 불안한 징조가 나타났다. 그런데 안타깝게도 오늘날 우리는 높은 이혼율이라는 현실 앞에 서 있다. 그 이유 중 하나는 결혼이 어떤 것인지 구체적인 지식이나 사전교육 없이 함부로 결혼을 했기 때문이다.

 젊은 여성들은 마치 동화에 나오는 주인공처럼 아름다운 화음을 만들어내며 평생 행복할 것이라는 막연한 기대감을 안고 결혼을 하지만, 그러한 생각은 결혼과 동시에 무너지고 만다. 그렇기 때문에 결혼의 의미도 뜻도 모르고 맺어진 두 사람의 인연은 실패로 돌아가기 십상이다.

 낳아주신 부모님이나 한 집안에서 한솥밥 먹고 자라난 형제들 사이에도 성격 차이로 인한 갈등이 일어나곤

하는데, 하물며 20년 내지 30년을 따로 살던 두 사람이 만나 오순도순 사랑만 하며 살아간다는 것은 기대하기 어려운 일이다. 나아가 그들은 부모가 될 교육이나 준비도 갖추지 못한 채 함부로 자녀를 낳는 큰 잘못을 저지르기도 한다. 인류 역사가 증명하듯 행복하지 못한 부모 밑에서 자라는 자녀는 불행한 사람으로 성장하기 십상이고, 그들의 인생은 부모의 대를 이어 거듭 슬픔의 교향곡을 만들어간다.

삐뚤어진 아이들을 올바로 선도하기 위해 정부와 교육가, 부모들이 많은 시간과 돈을 투자하며 노력하고 있지만, 그보다 더 현명한 방법은 아이들이 잘못되기 전에 그렇게 되지 않도록 예방하는 것이다. 그렇다면 예방을 위한 대비책은 무엇일까? 인류 역사를 보면 훌륭한 자녀 뒤에는 반드시 훌륭한 부모가 있었다. 마찬가지로 문제 자녀 뒤에는 문제 부모가 있었다. 따라서 부모 역할을 제대로 알지 못하는 이 시대 사람들은 올바른 부모 역할에 대해 배울 필요가 있으며, 그것이 범

국민적으로 이루어져야만 우리 사회가 바뀔 수 있다.

　우리는 지금 반만 년의 역사 속에서 볼 수 없던 긴 태평성대를 누리고 있다. 그러나 우리의 가정생활과 자녀교육은 5천 년 역사 중 그 어느 때보다 실패와 좌절을 맛보고 있다. 비참한 전쟁과 내란, 기근이 끊이지 않았던 옛날에는 부모가 어떻게 교육을 했기에 자녀들의 효성과 충성이 마음 가득했을까? 피눈물 나도록 가난했던 그 시절에 어떻게 이웃과 콩 반쪽을 나눠먹는 심성을 갖게 되었을까?

　그 시절의 할아버지나 아버지는 오늘날처럼 직장생활을 하지 않았기 때문에 시간에 얽매이지 않았고 집안에서 자연스럽게 자녀들과 지내는 시간이 많았다. 또한 텔레비전이나 컴퓨터가 없었기에 오늘날처럼 가족마다 따로따로 자기 방에 틀어박혀 혼자서 기계와 시간을 보내는 일이 없었다. 더욱이 먹을 것이 귀한 시절이라 가족이 모두 들어올 때까지 기다렸다가 함께 밥상을 맞았고, 그렇게 얼굴을 마주 대하며 어른들의 말씀을 많이 들었다. 어른들이 공자, 맹자를 논하고 천자문을 직접 가르치며 사상교육을 시켰기 때문에 나라와 민족은 고난을 당했어도 자식들은 곁길로 가지 않고 올바로 자라났다.

8.15 해방 후, 우리나라는 교회의 커다란 부흥과 함께 높은 경제성장률을 보이고 있다. 일 년 내내 난방이 되는 아파트에서 살며 먹고 입을 것이 풍부해 날마다 늘어가는 몸무게를 줄이는 것이 고민이 될 만큼 태평성대를 누리고 있는 것이다. 반면 우리는 나라를 사랑하는 마음이 흐려지고, 할아버지나 아버지의 사상을 들을 기회를 갖지 못해 조상과 부모가 누구인지도 잊고 사는 자녀를 두고 있다. 이것은 결국 심각한 청소년 탈선 문제와 가정 파괴라는 엄청난 문제를 낳고 있다.

주님은 우리에게 교회는 나라와 민족을 바르게 이끌고 나갈 '소금과 빛'의 역할을 해야 한다고 명령하신다. 특히 오늘날처럼 불행의 고속도로를 달리며 빛을 잃어가는 많은 가정을 보면서 교회가 속수무책으로 입을 다물고 있는 것은 주님 앞에 큰 죄악이라고 생각한다. 할아버지와 아버지가 정신적인 지주 역할을 하지 못하는 이때, 교회가 이 나라 자녀들의 정신적 지도자가 되어야 마땅하다. 그럼에도 시험에 들까 두려워 교회가 오히려 현시대의 유행에 끌려가며 바른 소리를 하지 않는다면, 하나님은 한국 교회를 외면하실 지도 모른다. 교회는 사회와 문화를 바른 방향으로 이끄는 리더가 되어야 하며, 민족문화를 올바로 가르치고 실천하는 모습을 보여주어야 한다.

행복한 가정을 만들기 위해 가장 먼저 해야 할 일은, 모든 교회가 합심해 '결혼 예비교실'을 여는 것이다. 결혼하기 전의 청년들에게 '새로운 가정'에 대해 하나님의 말씀을 가르쳐야 한다. 나아가 '어머니 교실과 아버지 교실'을 열어 그 역할에 필요한 교육을 해야 한다. 이 민족적인 일은 축복받은 한국 교회가 먼저 깨어 이뤄나

가야 하며, 나아가 망가져가는 다른 나라 가정을 향해 세계로 나가 선교정책을 펴나가야 한다. 이러한 가정 사역은 밖으로 나가 전도하는 일보다, 외국으로 선교사를 파송하는 것보다, 교회당을 크게 짓는 일보다 더욱 중요한 일임을 모든 교회가 뼈아프게 깨달아야 한다.

모든 공직자와 정치인도 '예비 결혼교육'과 '예비 부모교육'에 뜻을 합해 전 국민을 상대로 교육시스템을 갖추는 일에 발 벗고 나서야 한다고 간곡히 말하고 싶다. 운전을 하려면 열심히 연습하고 소정의 시험을 치러 면허를 취득해야 하는 것처럼, 교육을 받은 사람들에게 결혼면허증이나 부모자격증을 발급한다면 이 나라는 틀림없이 새롭게 태어날 것이다. 이러한 교육은 시급히 이루어져야 하며 타락해가는 현 시대에 필수적인 요건으로 부각되어야 한다.

교회의 목사는 젊은이들을 주례하기 전에, 결혼 예비교실에서 소정의 과정을 공부하도록 격려하고 그들이 공부를 마치고 받아온 수료증을 보여 달라고 해야 한다. 양가의 부모도 결혼예물을 운운하기 전에 이런 수업을 제대로 받았는지를 살펴야 훌륭한 손자를 기대하는 할머니와 할아버지가 될 자격이 있다. 이제 이러한 교육과정은 결혼을 앞둔 기독교인에게 값비싼 결혼예물보다 더 중요하고 귀중한 결혼예물이 되어야 한다.

유대인은 아직도 예수님이 누구인지 모르고 있지만, 그럼에도 세계에서 가장 힘이 강한 민족으로 거듭났다. 그 이유는 유대 부모들의 올바른 교육관 때문이다. 그들은 자녀가 세 살이 되면 성경 말씀을 가르치기 시작하며 아이들에게 철저하게 순결교육을 시키고 청년이 되면 결혼에 대해 많은 지식을 알려준다. 유대인은 깊은 신앙교육으로 세계에서 가장 낮은 이혼율을 보이고 있으며, 노벨상의 30퍼센트를 차지하는 훌륭한 자손을 길러내 전세계에 엄청난 영향을 미치고 있다.

랍비들은 유대의 젊은 청년들을 모아 결혼과 성생활

에 관한 지식을 가르쳐준다. 그러나 우리나라 청년들은 결혼에 대해 교육받지 못하고 있으며 그저 부모님의 결혼생활을 보는 것으로 그치고 만다. 물론 부모님의 결혼생활이 행복하다면 다행이지만, 그 반대라면 개인적으로 그리고 국가적으로 슬픈 일이다.

아버지가 아버지 역할을 제대로 하지 못했을 때, 자녀가 받는 상처는 실로 엄청나다. 간혹 우리는 아들이 아버지를 증오하고 딸이 남편을 비롯한 남자들에게 아버지에게 하지 못한 앙갚음을 하는 것을 볼 때가 있다. 실제로 나는 어머니가 어머니 역할을 하지 않아 자신이 갖고 있던 사전에서 '어머니'란 단어를 찢어내며 울던 청년도 만나보았다. 사형장으로 끌려가는 사형수들의 마지막 외침은 '어머니'라고 한다. 그런 사형수에게 진실한 어머니가 있었다면 틀림없이 범죄자가 되지는 않았을 것이다. 진정한 어머니 교육은 학교, 직장, 텔레비전을 통해 배울 수 있는 것이 아니다. 진정한 어머니를 길러낼 사명이 있는 곳은 오직 교회뿐이다.

아직 늦지 않았다. 늦었다고 생각할 때가 가장 빠른 때이다. 모든 교회는 '결혼 예비학교'와 '부모 교실'을 유행처럼 앞 다투어 만들어야 하며, 그래서 우리의 아이들이 행복한 가정에서 자라도록 도와주어야 한다. 이 일은 하나님을 기쁘시게 하는 선교사업이기에 우리의 아이들이 더 자라나기 전에 목숨을 걸고 빨리 전해야 할 시급한 과제이다.

06. 청년기를 어떻게 보내야 하나?

지하철에서 우연히 들은 어느 여성들의 대화 내용이다.

"얘, 진미는 결혼 후에도 여전히 바람피우고 다닌다며?"

다른 친구가 대답한다.

"그렇겠지! 얘, 생각해 봐라! 결혼 전에 그렇게 바람을 피웠는데 결혼했다고 그 버릇이 어디 가겠니?"

또 다른 친구가 걱정스레 말한다.

"어머, 걔 남편이 알면 어쩌니?"

청년기에 문란한 성생활을 했던 사람은 결혼한 후에도 부부간의 도의나 순결에 대한 관념이 희박해 결혼서약을 제대로 지켜가며 결혼생활을 하기가 어렵다. 결혼식에서 서약한 대로 '평생 서로만 사랑하기로 맹세한 것'은 그저 예식 순서 중의 하나로 끝나고 만다.

이보다 더 큰 문제는 이들 부부 사이에 잉태될 아기가 어떻게 자랄 것인가 하는 점이다. 올바른 태교를 위해서는 임신부가 행복한 열 달을 보내야 하는데, 부부가 순결하지 못하다면 임신 기간을 성공적으로 보내기란 무척 어려울 것이다.

2천5백 년 전, 소크라테스(Socrates)는 "몸이 성적(性的)으로 타락하면 영혼도 함께 타락한다"라고 말했다. 이는 성적으로 몸이 타락하면 자연히 하나님과의 관계는 서먹해져 신앙도 쉽게 타락한다는 말이다. 우리는 성경을 통해 혹은 뉴스를 통해, 사회적으로는 성공했지만 함부로 성생활을 한 아버지로 인해 아버지 자신과 후손들이 불행해지는 모습을 종종 본다.

이 시대는 많은 유혹과 타락한 성 이론들이 난무하며 우리와 아이들을 혼란스럽게 하고 있다. 이런 환경을 그저 바라보고만 있을 수는 없다. 우리가 먼저 하나님의 말씀으로 무장하고 우리 자신은 물론 아이들을 지켜내야 한다. 하나님이 성경에서 어떻게 말씀하셨나를 묵상하며, 아이들에게 무엇이 옳고 그른지 가르쳐야만 아이들이 올바른 길을 찾아갈 것이다.

모든 기독교인 청년의 바람은 앞으로 좋은 배우자를 만나 행복한 가정을 이루고 나아가 훌륭한 자손을 키워내는 것에 있을 것이다. 훌륭한 자식은 세상 모든 부모의 간절한 꿈이자 소원이다. 그렇다면 언제부터 어떻게 교육을 해야 훌륭한 자녀를 얻을 수 있을까? 아기를 낳은 이후는 너무 늦다. 그렇다면 태교를 할 때부터인가? 그때도 늦다. 이런 교육은 결혼하기 전, 즉 청년기 시절부터 이루어져야 한다.

나는 미국에서 교회생활을 하며 많은 사람을 만나보았다. 오래 전, 어느 청년이 불행한 가정에서 청소년기를 보내며 마약을 사고파는 일에 가담해 소중한 청년기를 엉망으로 보내고 말았다. 하루는 마약 때문에 경찰과 대치하다가 크게 다치게 되었다. 그는 아프고 병든 몸을 이끌고 이곳저곳 병원을 전전하다가 어느 날 기도원에서 예수님을 만나게 되었다. 그리고 놀랍게도 기도를 통해 몸을 치료했다. 그 후 그 청년은 열렬한 신앙인이 되어 열심히 종교 활동을 펼쳤다.

어느 날 미국으로 여행을 왔던 한 여자 성도가 남자답고 신앙이 좋아 보이는 그 청년이 맘에 들어 자신의 사랑스런 딸을 소개시켰고, 그 청년은 한국에 나와 결혼을 하고 곧 미국으로 돌아갔다. 3개월 후(당시 시민권자의 배우자 초청은 수속기간이 3개월이었음) 수속을 밟고 미국으로 들어온 그의 신부는 이미 임신을 하고 있었다. 그런데 아내의 입국과 함께 아기를 환영해야 할 신랑은 아내를 의심하기 시작했다. 자신의 청년시절이 순결하지 못했던 탓에 아내를 믿을 수 없었던 것이다.

그는 아내의 뱃속에 있는 아기를 자신의 아기로 인정하지 못한 채, 매일 아내를 괴롭히며 7개월을 보냈다. 당시에는 아내가 순결하다는 것, 뱃속의 아기가 자신의 아기라는 것을 증명할 길이 없었다. 마침내 아기가 태어났는데, 그 아기는 아빠의 아기임을 증명하듯 입술도 두텁고 눈썹도 진한 자신을 쏙 빼닮았다. 그제야 그는 안심을 하며 아기를 안고 사랑을 퍼부었지만, 아기는 이미 태내에서 아빠의 목소리만 들어도 몸서리가 치는 경험을 한 상태였다. 그가 아내를 괴롭힐 때마다 태내의 아기도 함께 괴로움을 당했던 터라 아기는 아빠를 보면 울음부터 터뜨렸다. 아기는 자라면서 아빠가 곁에 오는 것을 싫어했고, 발소리만 들어도 두려워 떨며 책상 밑으로 숨어버렸다. 이 때문에 아빠의 폭행은 매일 끊이지 않았다.

"애를 어떻게 가르쳤기에 이 놈이 나를 저토록 싫어하는 거야, 응?"

그는 결혼 전의 폭력적인 성품을 내뿜으며 아내와 자식에게 주먹을 휘둘렀고, 결국 아들과 아버지는 원수 아닌 원수지간이 되어 버렸다. 이는 불행이 대를 이어 내려간 사례이다. 순결하지 못한 남편이 아내를 믿지 못하고 폭언을 할 때마다 아내는 고통을 당했고, 그런 엄마의 심리를 탯줄로 전달받은 태아도 밖에서 들려오는 아빠의 목소리에 함께 몸서리친 슬픈 결과가 아닌가?

아기가 태내에서 제대로 교육받지 못하고 태어나면 그들의 인생은 행복할 수 없다. 그러면 어떻게 해야 행복한 태아로 키워낼 수 있을까? 부부는 적어도 3개월 전부터 경건한 몸과 마음으로 준비하며 아기의 잉태를 기다려야 한다. 또한 잉태된 순간부터 태아는 아빠는 물론 주위의 모든 사람으로부터 극진한 환영과 대접을 받아야 하며 임신부는 잉태 기간 내내 기뻐해야 한다. 임신부는 열 달 내내 "항상 기뻐하라. 쉬지 말고 기도하라. 범사에 감사하라!"라는 말씀을 외우고 있어야 한다. 다시 말해 부부는 준비된 마음으로 아기를 기다리며 행복한 마음으로 임신을 기대해야 한다. 하지만 청년기 시절에 이러한 교육을 받지 못했다면, 그로 인해 함부로 임신을 했다면 불행은 부모와 아기에게 줄지어 찾아오게 된다.

하나님의 축복 속에 우리나라는 높은 국민소득을 달성하며 풍요로운 삶을 누리고 있다. 그뿐 아니라 스포츠는 물론 예술, 문화에서도 세계적으로 이름을 날리는 사람들이 늘고 있다. 그러나 그 이면에서는 어떤 일이 벌어지고 있는가? 우리나라 전국의 산부인과에서 버려지는 태아는 하루에 5천 명 내지 1만 명에 이르고 있다. 또한 해마다 1만 명이 넘는 아기들이 부모로부터 버림을 받고 그중 택함을 받은 1천 명만이 외국으로 입양되고 있다. 청년기 시절을 순결하게 보내고 있는 사람들은 이처럼 엄청난 실수나 죄를 짓지 않으니 얼마나 감사한 일인가?

이웃나라 일본을 보자! 일본은 기독교인이 인구의 1

퍼센트에 지나지 않지만, 자녀를 낳아 외국으로 입양 보내는 일은 거의 하지 않는다. 그들은 혹시라도 실수로 아기가 태어나면, 가까운 친척이 기쁘게 그 아이를 받아 대신 키운다. 그것이 새 생명에 대한 예의라고 생각하기에 일본이 우리보다 앞서가는 민족이 되지 않았나 생각해본다.

우리도 이제 의식을 바꾸어야 한다. 한국 사람들의 정신생활에 가장 많은 영향을 미치는 매개체는 바로 텔레비전 드라마이다. 그런데 그 내용을 보면 어떤 때는 한심하기조차 하다. 불륜관계를 미화하고 생명 경시 사상이 버젓이 등장하는 것을 보면서 한탄을 금할 수 없다. 그런 식으로 극을 만들면 그것을 보는 사람들의 머릿속에 어떤 인식이 생기겠는가? 왜 그나마 쥐꼬리만큼 남아 있는 문제의식까지도 희석시키려 하는가? 이제라도 작가들은 민족정신으로 깨어나야 하며 인기 있는 프로그램 만들기에 급급하지 말고 거룩한 민족사상과 깨끗한 성문화를 보여주는 드라마를 만들어야 한다.

정직한 사상과 철학을 안방으로 스며들게 하는 것이 나라를 살리는 길이자 애국하는 지름길이 아닌가?

우리가 선진국 대열에 들어서기를 원한다면 부모들이 나서서 자녀에게 순결교육을 철저히 해야 한다. 혹시라도 자녀가 실수로 아기를 낳는다면 해외로 입양 보내지 말고 친척들이 서로 사랑으로 돌보는 문화가 빨리 이루어져야 한다. 우리나라에는 아직도 유교에서 벗어나지 못한 체면문화가 만연해 있다. 그러나 선진국 사람들은 '체면문화'보다는 '인격문화' 속에서 살아간다. 영어를 잘한다고 해서 우리나라가 서구화하는 것은 절대로 아니며, 선진국 대열로 들어서는 것은 더더욱 아니다. 영어와 더불어 배워야 할 과제는 그들의 선진문화와 인격문화이다. 그리고 그것을 실천해야만 제대로 된 공부를 했다고 말할 수 있다.

선진국에서 살아보았던 사람들은 내가 말하는 '인격문화'가 무엇인지 잘 알 것이다. 내가 인디아나 포트웨인(Indiana Fort Wayne)이라는 동네에 살았을 때의 일이다. 나는 이층에 살고 있던 크리스틴(Kristine)이라는 젊은 엄마와 이웃이 되었다. 열여덟 살에 결혼한 그녀는 스물두 살에 벌써 세 명의 아이를 낳아 기르고 있었다. 어떻게 그 어린 나이에 세 자녀의 엄마가 되었느냐고 묻자, 그녀는 자신의 과거 이야기를 들려주었다.

고등학교 시절, 졸업식 파티를 마친 그녀는 처음으로 남자친구와 성관계를 맺게 되었다. 임신에 대한 지식이 전혀 없던 그녀는 단 한번의 성관계로도 아기가 잉태될 수 있다는 사실을 알지 못했다. 그래서 무려 다섯 달 동안이나 감기인줄 알고 그럭저럭 보내다가 배가 불러오자 병원을 찾았고 임신한 사실을 알게 되었다. 당시 그녀와 남자친구는 둘 다 대학입학을 준비하던 중이었다.

"엄마, 나 임신했대요."
그녀가 어머니에게 임신한 사실을 말했을 때, 어머니는 깜짝 놀란 표정을 지었지만 곧 이렇게 말했다.

"그래? 축하한다, 크리스틴! 우리 함께 너와 아기의 장래에 대해 의논해 보자꾸나!"

엄마는 딸에게 화를 내거나 야단을 칠 수도 있었지만, 잠시 당황하던 얼굴을 바꿔 축하의 말과 함께 대화를 시작했다. 크리스틴은 그렇게 자신과 태아를 사랑해 준 어머니를 평생 깊이 존경하는 딸이 되었다.

크리스틴은 사랑어린 어머니의 충고를 따랐고, 남자친구도 자신의 책임을 다하고자 대학에 입학하는 대신 군에 입대해 월급을 받는 대로 크리스틴에게 보냈다. 일 년에 한번씩 휴가를 나온 남편은 그때마다 새 아기를 잉태시켰고 어린 아내는 친정어머니 옆 동네에 살면서 세 아이를 낳아 훌륭하게 키웠다.

만약 이런 일이 우리나라 딸들에게 일어났다면 그들의 어머니는 먼저 어떤 말을 할까? 그 남자친구는 어떤 태도를 취했을까? 부모와 자녀 간에 이러한 인격적인 대화가 가능할까? 모르긴 몰라도 아마 힘들 것이다. 우리도 남에게 짐을 지우지 않고 자신의 책임을 다하는 선진국 청년들의 태도를 배워야 한다. 어쩌다 실수로 잉태된 아기일지라도 그 생명을 사랑하는 인격문화가 있는 선진국 청소년과 부모를 보면서 우리나라도 그런 문화가 형성되었으면 하는 바람을 갖게 되었다.

과거에는 보육원에 정말로 부모를 잃은 고아들이 살았지만, 오늘날에는 '부모 있는 고아들'이 살고 있다고 한다. 이 얼마나 한탄스런 현실인가? 아기는 자신의 의지와 상관없이 부모를 만나게 되지만, 부모는 자신의 의지로 아기를 죽일 수도 있고 살릴 수도 있다. 모든 기독교인은 생명의 근원은 곧 주 하나님이심을 깨닫고 이 시대에 주님께서 우리에게 주신 사명을 감당 못함을 깨달아, 하나님 앞에서 철저히 회개하며 자녀들을 부지런히 교육해야 한다.

언젠가 미혼모를 상대로 강연을 한 적이 있다. 만삭으로 앉아 있던 40여 명의 미혼모는 한결같이 수치와 모멸감, 배신감으로 일그러진 표정을 짓고 있었다. 그러나 그중 남자친구와 함께 아기를 낳아 키울 예정이던 두 명의 여성은 환한 표정이었다. 대다수의 여성은 성관계를 가질 때는 "걱정하지 말고 나만 믿으라"고 큰소리치던 남자친구가 임신임을 알리자 욕부터 시작해 "다른 여자들은 잘만 피해 가는데 너는 피임할 줄도 모르느냐"고 윽박지르며 전화번호를 바꾸고 연락을 끊어 버렸다고 울먹였다. 청년들이여! 청년기를 어떻게 보내야 할까? 최소한 자신의 행동에 책임을 지는 사람이 되어야 하지 않을까?

나는 남편과 함께 목회를 하면서 한국에서 입양된 아이들을 만나볼 기회가 많았다. 이유야 어찌되었든 대부분의 입양아는 태내에서부터 부모님의 사랑을 거부당한 사람들이라고 볼 수 있다. 그 때문인지 그들은 양부모의 엄청난 사랑을 받고 한국과 비교할 수 없는 좋은 환경에서 교육을 받지만, 청소년기가 되면 방황하는 것을 종종 보게 된다. 양부모들은 사랑으로 키웠음에도 불구하고 자녀가 그처럼 속을 썩이는 이유를 몰라 답답해하며 우리를 찾아와 조언을 구하기도 한다. 그때는 우리도 그들을 어떻게 선도해야 할지 그 방법을 구체적으로 알지 못했다. 단지 한국 사람인 우리가 그들의 자녀를 만나 한국 음식을 먹으며 위로해주는 것이 고작이었다. 그러나 사람의 뇌를 알고 나면서부터 그 문제가 완전히 풀렸다.

태내에서 혹은 영아기에 부모로부터 거절당한 아기의 상처는 영혼과 뇌의 일부에 저장되어 있다가 청년기가 되어 자신의 의사를 표현할 때 나타나게 된다. '불행하게 태어나 부모에게 버림받고 조국마저도 버렸다'는 좌절감이 엄습할 때, 그들이 생각할 수 있는 것은 단지 모멸감과 죽음뿐이다. 그런 낮은 자존감으로 외로움을 느끼며 부정적인 생각을 하는 것은 사탄이 가져다주는 덫이다. 세상의 어떤 언어로 누가 그들을 위로할 수 있겠는가? 다행스럽게도 해결방법이 있다! 오직 빛 되신 주님만이 그들의 위로자요 해결자이시다. 그 방황의 깊은 터널 속에서 주님을 만나기만 하면 모든 문제는 해결된다.

이후로 우리는 입양아의 양부모에게 "자녀가 방황하며 울 때, 그들과 함께 울어주세요"라고 말했다. 그리고 "네가 태내에서 친엄마와 아빠 그리고 네 고국에서 버림받았을 때, 예수그리스도도 너와 함께 버림을 받아 같이 우셨단다. 그분도 사랑하는 제자들과 민족으로부터 버림을 받으셨지…"라는 말로 위로를 하라고 조언했다. 그 양부모들은 아이와 함께 울어주고 예수그리스도가 함께한다는 것을 들려주면서 아이가 정상적인 생활로 돌아왔다는 기쁜 소식을 들려주었고, 우리는 하나님께 감사의 기도를 올렸다.

청년기 시절의 순결의 중요성은 아무리 강조해도 지나치지 않다. 태아는 인격적으로 존중받아야 하며 환영 속에 태어나야 한다. 그러므로 청년들은 결혼 전에 순결해야 하며 올바른 태내 교육을 통해 훌륭한 아기를 만들어 주님 앞에서 키워야 한다. 청년기부터 행복한 가정을 만들어갈 꿈을 키우길 간절히 축복 드린다.

07 이혼할까? 말까?

축복과 저주의 말씀이 함께 써 있는 신명기 28장에는 "네가 네 하나님 여호와의 말씀을 삼가 듣고, 내가 오늘날 네게 명하는 그 모든 명령을 지켜 행하면… 여호와의 말씀을 순종하면… 다른 신을 섬기지 아니하면… 네가 들어와도 복을 받고 나가도 복을 받으리라"는 약속으로 시작된다. 그러나 곧이어 "너희가 하나님의 말씀을 순종하지 아니하며… 모든 명령과 규례를 지켜 행하지 않는다면… 저주가 네게 미칠 것이라"라고 엄히 말씀하고 있다. 축복에 대한 말씀은 1절부터 14절까지이고 저주에 대한 말씀은 그보다 네 배가 더 많은 54절의 긴 문장으로 쓰여 있다.

하나님의 축복은 먼저 그 말씀을 듣고 그것을 잘 지켜 행하며 순종할 때 우리에게 쏟아진다. 그러므로 부모가 먼저 말씀을 잘 듣고 가슴에 새겨 자녀들에게 부지런히 전해야 그 자녀가 축복을 받는다.

그런데 안타깝게도 우리는 하나님의 말씀을 제대로 자녀에게 전수하지 못했고, 그 결과가 지금 우리 앞에 나타나고 있다. 이혼은 하나님이 제일 싫어하고 증오하는 것이다. 하나님은 "나는 이혼하는 것을 미워하고 증오하노라"라고 말라기 2장에서 외치신다. 그러나 결혼식 날 많은 축하객과 하나님 앞에서의 서약을 깨고, 많은 부부가 이혼이라는 함정에 빠져 하나님은 물론 어린 자녀와 주위 사람들에게 큰 상처를 입히고 있다.

날마다 타락하는 사회와 무너져가는 많은 가정을 보

면서 그저 "말세다, 말세야" 하며 남의 일처럼 쳐다만 볼 수는 없다. 모든 기독교인은 하나님의 말씀과 더불어 결혼생활에 대한 풍성한 지식을 갖추고, 결혼의 진정한 의미를 배워야 한다. 부부의 올바른 역할과 태교의 중요성, 자녀 양육법에 대해 철저히 교육받아야 하는 것이다. 또한 부모에게는 자녀의 소년기 시절부터 그들이 결혼해 아이를 낳은 후까지도 지속적으로 순결을 가르칠 사명이 있다.

순결교육의 첫 번째 대상은 하나님이다. 그분만을 사랑하고 그분의 음성에만 귀를 기울이며 다른 신을 섬기지 않겠다는 순결 서약이다. 구약을 열심히 공부하는 유대인은 왜 자신들의 조상이 시시때때로 하나님을 배신했는가에 대해 공부한다. 광야에서 살 때는 하늘에서 내려온 불기둥과 구름기둥을 보았고 배가 고플 때는 하늘에서 내려온 만나와 메추라기로 배를 불렸으며, 홍해와 요단강이 갈라지는 하나님의 이적을 직접 보고도 뒤돌아서서 하나님을 배신하고 우상 앞에 제사를 드린 어리석은 조상들이었다. 이는 그들이 당시 오랜 노예 생활을 거치며 하나님 한 분만을 섬기지 않고 여러 가지 우상과 잡신을 섬겼기 때문이다. 즉, 영적으로 순결하지 못했기에 작은 시험이 와도 곧 하나님을 배신하고 말았다. 이스라엘 백성이 성적으로 타락하면 더불어 나타나는 자연스런 현상이 하나님을 떠나 우상을 섬기는 모습이었다.

이러한 교훈을 통해 그들의 후손은 비록 나라를 잃고 고통의 세월을 보냈지만, 자녀에게 철저하게 하나님과의 영적 순결교육을 받게 하며 더 이상 어리석게 우상 앞에 나가지 않았고, 철저히 하나님 한 분만을 섬기면서 언젠가 그분의 은혜로 나라가 회복될 것을 고대해왔다. 특히 그들은 부모가 먼저 자녀 앞에서 목숨을 다해 하나님에 대한 순결한 신앙에 대해 모범을 보여주려 애썼다.

두 번째는 부부간의 순결 서약이다. 이는 아무리 세상

이 타락하고 무익한 일이 유행하더라도, 나는 하나님 앞에서 세상 사람들과 구별된 의인 노아나 욥 같은 사람으로 서겠다는 다짐이다. 오늘도 하나님은 말라기를 통해 "어린시절 맞이한 네 아내를 남편은 끝까지 사랑하며, 네 아내를 괴롭게 하지 말라"고 우리에게 말씀하신다.

사실 순결한 몸과 마음으로 결혼한 부부는 결혼생활이 다소 힘들고 성격 차이가 있거나 그다지 행복하지 않더라도 섣불리 이혼을 생각하지 않는다. 그러나 과거에 이미 다른 사람과의 깊은 사랑을 경험한 사람은 마음속에 항상 그 사람에 대한 그리움이 남아 자신도 모르게 배우자와 옛사람을 비교하며 자신과 가정을 불행하게 만드는 어리석음을 범한다.

예를 들어 오페라나 뮤지컬, 영화, 드라마, 소설 특히 대중가요의 내용은 대부분 '사랑'이 그 주제를 이루고 있다. 그것도 현재의 사랑이 아닌 과거에 대한 진한 그리움의 내용이 대부분이다. 미래에 대한 희망이나 현재에 대한 만족감보다 과거에 집착하며 그것을 그리워하고 후회하는 데 시간을 빼앗기는 것은 얼마나 어리석은 일인가? 그럼에도 과거에 이루지 못한 사랑을 담은 드라마나 대중가요가 왜 그토록 흥행하는 것인가?

다음은 복음성가 하덕규의 작품으로 많은 사람의 사랑을 받는 노래이다.

내 속엔 내가 너무도 많아 당신의 쉴 곳 없네.
내 속엔 헛된 바람들로 당신의 편할 곳 없네.
내 속에 내가 어쩔 수 없는 어둠, 당신의 쉴 자리를 뺏고
내 속에 내가 이길 수 없는 슬픔, 무성한 가시나무 숲 같네.
바람만 불면 그 메마른 가지 서로 부딪치며 울어대고
쉴 곳을 찾아 지쳐 날아온 어린 새들도
가시에 찔려 날아가고
바람만 불면 슬프고 또 괴로워
슬픈 노래를 부르던 날이 많았는데,
내 속엔 내가 너무도 많아 당신의 쉴 곳 없네.

물론 하덕규는 하나님 앞에서의 교만한 자신을 묘사한 것이지만, 나는 이 노래를 이렇게 해석한다.

내 마음 속엔 과거의 사람에 대한 그리움으로 가득 차,
그 상한 자존심 때문에
내 배우자인 당신이 내 마음속에 결코 쉴 자리가 없어요.
지나간 옛사람을 다시 만날 수도 없고,
그 꿈은 이루어질 수도 없는 인연이지만,
매일 내 마음속엔 그 사람에 대한
헛된 바람이 자라고 있네요.

그 헛된 꿈은 내 마음속에 어두운 그림자를 만들어
당신이 내게로 와 쉼을 얻을 자리를 빼앗고,
과거의 그리움으로 인한 내 슬픔은
내 마음속에 무성한 가시나무 숲만 만들어내죠.

그래서 내 메마른 영혼은
작은 일에도 당신과 무섭게 싸우며 울어대고,

우리가 싸우는 소리는
쉴 곳을 찾아 지쳐 우리에게로 날아온 어린 자녀들에게
가시가 되어, 그 여린 가슴을 찔러
피를 흘리며 날아가 버리게 하죠.
바람이 부는 날이면 나는 슬프고 또 괴로워,
매일 슬픈 노래만 부르며 살아요.
내 속엔 과거에 대한 그리움이 너무 많아
 당신이 내게 와 쉴 곳은 전혀 없지요.

 첫 결혼을 끝내고 재혼한 사람은 얼마나 더 행복해질 수 있을까? 통계에 따르면 그 비율은 우리가 생각하는 것보다 훨씬 낮다고 한다. 다음은 미국인에 대한 통계 자료이다.

 일단 객관적으로 볼 때, 이혼할 수밖에 없는 상황에 놓인 사람들을 두 그룹으로 나누었다. 한 그룹은 도저히 참을 수 없어 이혼했고, 다른 한 그룹은 고통과 어려움을 겪으면서도 이혼하지 않았다. 그런 다음 5년이 흐른 후에 두 그룹을 다시 만나 설문조사를 했다. 그 결과 이혼한 사람들 중 82퍼센트가 이혼하기 전보다 괴로운 생활을 한다고 응답했고, 어려움을 참고 이혼하지 않은 사람들의 85퍼센트는 당시에 이혼하지 않은 것을 다행으로 생각하며 행복하게 사는 것으로 나타났다.

우리는 체면을 중시하지만 미국인은 인격을 중시한다. 그들은 두세 번 이혼한 것을 본인조차 수치로 알지 않으며, 어린 자녀를 데리고 세 번째 결혼을 해도 이를 손가락질하는 사람은 거의 없다. 내 생각이지만 체면을 더 내세우는 우리나라는 아마도 이혼 후의 불행 수치가 90퍼센트를 넘어설 것으로 보인다. 실제로 결혼생활이 힘들어 이혼한 사람의 경우, 자녀와 함께 혹은 재혼을 해서 더 불행한 삶을 사는 사람이 많다.

한편, 결혼한 지 10년이 넘은 40대 기혼남녀 100명을 대상으로 설문조사를 한 결과도 자못 흥미롭다. 남성은 20명이 다시 태어나도 지금의 아내와 결혼하겠다고 대답한 반면, 여성은 오직 3명만이 그렇게 하겠다고 대답했던 것이다. 그렇다면 남편이 사랑을 주는 20퍼센트의 부부는 거의 이혼하지 않을 것이며, 만약 이혼을 한다면 나머지 80퍼센트 부부 중에서 이루어질 것이다. 만약 80퍼센트에 속하는 사람들이 재혼을 한다면 서로 싫어서 헤어진 사람들 간의 만남이니 그러한 결합에서 행복을 기대하기란 무척 어려울 것이다. 결국 이혼은 함부로 생각할 문제가 아니다. 어쩜 그것은 뻔히 돈을 잃을 것을 알면서도 뛰어드는 도박일지도 모른다.

나와 남편이 이민 목회를 통해 만난 사람들 중에는 이혼을 겪은 사람이 많았다. 그들 중에는 두세 번 이혼한 사람도 있었고 심지어 다섯 번까지 이혼한 사람도 있었다. 그러나 횟수를 거듭할수록 그들의 삶은 결코 행복하지 않았고 남을 신뢰하지 못해 마음은 항상 불평과 불만으로 가득 차 있었다. 그것은 아마도 결혼생활을 통해 자신도 모르게 바뀌어간 성격 탓일 것이다. 무엇보다 놀라운 사실은 그들이 한결같이 이런 고백을 해왔다는 것이다.

"몇 번이나 상대를 바꿔 결혼생활을 해보았지만, 그중 가장 좋은 사람은 첫 번째 배우자였어요. 그때 조금만 철이 났어도 이혼은 하지 않았을 텐데 아쉬워요. 너무 어리고 어리석었어요."

어떤 교인은 나를 찾아와 "우리 부부의 문제를 놓고 기도하니 하나님께서 이혼하라고 응답하셨어요. 하나님은 왜 내게 저런 사람과 결혼하게 하셨는지 이해할 수가 없어요"라고 말하기도 한다. 그러나 하나님은 오늘도 "나는 실수하는 하나님이 아니다!"라고 강하게 말씀하신다. 사실, 우리의 실수는 우리의 욕심과 무지에서 나온 것이다. 단지 우리가 그분을 실수의 하나님으로 착각하고 고집을 피우며 그분을 섭섭하게 해드릴 뿐이다. 지금의 배우자에게 만족하는 것을 배우자. 그리고 하나님께서 인연지어 주심에 감사하며 서로 사랑을 나눠보자.

혼전 동거에 관한 통계 보고도 우리에게 많은 생각을 하게 한다. 요즘 젊은이들은 함께 살아보고 성격과 성생활이 좋으면 결혼하겠다는 위험한 생각을 하기도 한다. 그러나 동거를 해보고 좋아서 결혼한 부부의 80퍼센트 이상이 곧바로 이혼하고 만다는 사실을 알고 있는가? 주님을 모신 가정에서는 이런 일이 일어나지 않도록, 세상 풍조에 말려들지 않도록 부모가 정신을 차려 자녀를 가르쳐야 한다.

세 번째는 자녀들을 향한 순결교육이다. "하나님의 말씀이니 무조건 순종하고 믿어라!"라고 가르치는 것도 중요하지만, 통계적인 지식을 알려주며 왜 순결을 지켜야 하는지를 가르쳐야 한다.

"딸아, 네 몸 속에는 아기집이 들어 있으니, 항상 네 몸을 조심하고 순결하게 간직해야 한다. 네가 짧은 치마를 입고 다니고 가슴이 훤히 보이게 웃옷을 입고 다니는 것은 '나는 싸구려요~'라는 것을 표시하는 것이니, 항상 정숙한 옷차림으로 다녀야 한다. 네 몸은 다이아몬드와 루비보다 훨씬 비싼 보물이니, 너 자신을 귀하게 생각하고 절대로 사탕과 바꿔먹지 말아야 한다."

우리의 딸들이 만 일곱 살이 되면서부터 이런 교육을 받으며 자란다면, 결혼식 날의 눈처럼 희고 예쁜 웨딩드레스보다 순결하고 정결한 신부가 되어 하나님이 오래 전부터 예비해두신 남편을 맞이하게 될 것이다.

마찬가지로 아들들에게도 순결교육을 해야 한다.
"아들아, 네 몸 속에는 아기씨가 들어 있으니 항상 귀하게 간직해야 한다. 네가 순결치 않으면 하나님께서 네게 행복한 가정과 귀한 자녀를 주실 수 없음을 명심해라. 정히 정욕이 끓어올라 참을 수 없다면 혼자서 해결해야 한다. 심각히 생각해보자! 만약 네가 성에 대한 유혹을 참지 못해 네 여자친구와 성관계를 갖게 되면, 네 순결은 물론 여자친구의 몸과 순결도 망가진다. 더욱이 임신이라도 하게 되면 심한 경우 낙태라는 끔찍한 살인을 저질러야 한다. 이는 하나님이 명령하신 십계명의 여러 가지 죄악을 한꺼번에 짓는 것이니 절대 이런 실수는 하지 마라."

나 역시 두 아들에게 이런 교육을 하였다. 그때, 큰아들이 내게 물었다.

"어머니, 자위행위는 죄가 아닌가요?"

"아들아, 그것이 하나님 앞에 죄인지 아닌지는 엄마가 정의하기 어렵지만 (우리의 몸과 성기능과 정액도 하나님이 만드신 창조물이기에) 이렇게 생각해보자. 여기 모래 한 주먹과 큰 바위 하나가 있다고 해보자. 이것을 물 속에 넣으면 모래알도 바위도 가라앉지. 둘 다 죄성이 있기에 물 밑으로 가라앉는단다. 만약 자위행위가 모래알 같은 죄라고 치면, 이것은 가벼우니 네가 하나님과 해결하면 된다. 그러나 바위덩어리 같은 죄는 너도 여자친구도 또한 양쪽 집안도 망가뜨리고, 자칫 미움과 살인으로 평생 살아야 할 위험이 있으니 어느 쪽이 더 현명하고 하나님 앞에 올바른지 네가 결정해 살아가라."

자녀의 어린시절부터 부모가 직접 순결교육을 해준다면, 우리의 아들딸들은 이 악한 시대에 물들지 않고 하나님의 고귀하고도 고풍 있는 자녀로 성공할 수 있다. 오늘도 부부가 손을 잡고 자녀들과 함께 가정예배를 드리며 감사의 기도를 올리자. 하나님은 그 아름다운 장면을 무척 보고 싶어 하신다. 우리가 아직 가보지 못한 천국은 멀리 있는 하늘나라가 아닌 우리 가정을 통해 먼저 이루어져야 한다. 당신의 가정이 행복과 사랑의 축복 속에서 모든 사람이 본받고 싶어 하는 아름다운 가정, 즉 작은 천국이 되기를 간절히 소원한다.

08. 첫 키스는 첫날밤에!

나는 장성한 두 아들에게 "첫 키스는 첫날밤에!"라는 구호로 순결교육을 한다. 외국에서는 결혼식 날 신랑과 신부가 하객들 앞에서 부부가 되는 서약을 마친 후 키스를 나눈다. 그러나 우리나라의 결혼식에서는 키스 순서가 없기 때문에 "첫 키스는 첫날밤에"라는 구호를 만들었다. 교제를 하면서 키스를 해보지 않은 남녀라면 서로를 순결하게 지킨 사람들이 아니겠는가? 두 사람이 첫 키스를 결혼식 중에 하객들 앞에서 한다고 생각해보라. 얼마나 숭고하고도 아름다운 순간일까!

나는 아들들에게 왜 순결을 지켜야하는지에 대해 설명했다. 그랬더니 아직 한국말이 서툰 대학 2학년의 큰아들이 짜증 섞인 목소리로 대답하였다. "Mom, It's the 21st century! Don't bother us!"(엄마, 지금은 21세기잖아요. 우리를 귀찮게 하지 마세요!) 이어 고등학교 2학년인 작은아들이 웃으며 대답했다. "Mom, It's too~late. I've been kissed already! Ha ha." (엄마, 근데 너~무 늦었네요. 난 벌써 키스해 봤거든요. 하하.)

나는 남편과 함께 아이들이 기분 좋을 때나 가정예배 시간에 아들들에게 계속 순결에 대해 이야기해주었다. 성경 말씀을 함께 이야기할 때는 정말 하나님의 말씀이 살아 움직임을 보게 된다. 우리는 성경의 인물들을 중심으로 그들의 가정생활과 남녀의 관계를 주제로 말씀을 풀어나갔다. 말로만 이야기할 때는 그것은 단지 '엄마, 아빠의 잔소리'일 뿐이었다. 그러나 하나님의 말씀을 들어 설명을 하면 하나님의 말씀이 살아서 아들들의 마음속에 역사하시게 됨을 볼 수 있었다.

다섯 번 정도의 순결교육 후, 큰아들이 이렇게 말했다.
"엄마, 아빠! 걱정 마세요. 무슨 말씀인지 이제 깨달았어요. 결혼할 때까지 하나님 앞에서 순결을 지키겠어요. 들려주신 그 말씀이 내 머릿속에 꽉 박혔거든요! 결혼할 여자친구를 만나게 되면 첫날밤까지는 그냥 손만 잡고 다닐게요."

그래도 못 미더워 나는 시시때때로 아들들에게 순결에 대한 이야기를 해주었다. 살아가는 동안 얼마나 많은 유혹이 우리 아이들 주변에서 손짓을 하는지 잘 알기 때문이다. 성격이 차분하고 부모 말을 고분고분 듣는 큰아들은 어느 날 내게 이런 말을 들려주었다.

"엄마, 근데 여자친구랑 손잡는 것도 안 되겠어요. 손을 잡으면 어깨도 안고 싶고 그러면 키스하고 싶은 마음을 못 이길 것 같아서요. 그냥 얼굴만 바라보며 이야기하고 식사하고… 결혼식까지 그렇게 할 수 있을 것

같아요."

그 말에 나는 조금 당황하면서 말했다.

"글쎄… 네 여자친구가 그것을 이해해 줄까?"

큰아들은 나를 안심시키며 말했다.

"걱정 마세요. 저랑 똑같은 생각과 똑같은 신앙을 가진 여자친구를 하나님이 만나게 해주실 거예요."

큰아들이 대학 졸업반이 된 어느 날, 아들의 친한 친구에게서 전화가 왔다. 고민거리가 있어서 전화를 했다는데 나중에 들어본즉 그 내용은 대략 다음과 같다.

그가 첫째 여성과 성을 나눌 때는 애틋하고 즐거웠는데 그녀와 헤어진 후 둘째 여성과 성을 나눌 때는 첫 번째처럼 즐겁지 않았다는 것이다. 그래서 그녀와 헤어진 후 세 번째 여성과 사귀고 있지만 첫 번째만큼 좋은 감정이 생기지 않아 다시 첫 번째 여성과 비슷한 여성을 찾아 나서야겠다는 얘기였다. 친구의 말을 끝까지 듣고 난 후, 큰아들이 대답했다.

"그것 봐! 내가 너한테 첫 키스는 첫날밤에 해야 한다고 했잖아. 이제 넌 누구를 만나든 첫 번째 애인에게서 느꼈던 감정을 다시 찾을 수 없을 거야. 그건 네가 순결을 지키지 못했기 때문에 하나님이 네게 주신 벌칙(punishment)이야!"

그날 이후, 나는 아들에게 더 이상 순결교육을 하지 않았다. 자기 입으로 순결의 중요성을 전하고 있으니 걱정할 필요가 없다고 생각했던 것이다. 그것은 마치 예수님을 다른 사람에게 열심히 전도하는 자에게, 예수를 믿으라고 강요하는 것과 같으니까. 아들에게 귀한 깨달음을 주신 하나님께 영광을 돌린다.

순결을 지키지 않은 아들의 친구는 첫 번째 여성과 다른 여성을 성적으로 비교하고 있기 때문에 앞으로 누굴 만나든 첫 번째만큼 만족감을 느낄 수 없을 것이다. 그것은 불의한 행동에 대한 하나님의 보응이라고 결론지을 수 있다. 곰곰이 생각해보자. 동서고금을 막론하고 많은 가곡과 유행가, 드라마, 영화가 첫사랑을 못 잊어 그에 대한 그리움으로 전개되지 않는가?

그러므로 자라나는 아이들에게 기도로 준비된 첫사랑을 만나 연애를 거쳐 결혼하는 사람이 행복한 사람이라고 알려주자. 그렇게 되면 괴롭거나 외로운 추억에 잠겨 어리석게 시간을 허비하지 않아도 되니, 남들보다 더 지혜롭고 풍요로운 삶을 살 수 있을 것이다. 믿음은 들음에서 난다고 한다. "첫 키스는 첫날밤에!"라고 아이들에게 귀에 못이 박이도록 들려준다면, 그들은 틀림없이 순결을 지켜 하나님이 예비하신 순결하고 존귀한 배우자를 만나게 될 것이다. 더불어 그들은 큰 복을 받을 믿음을 준비하며 큰 그릇으로 자라게 된다.

결혼식에 관해 이야기해보자. 결혼식이 교회 안에서 행해질 때는 그래도 성스럽게 진행된다. 그러나 예식장에서 치르는 결혼식은 너무 정신없이 진행되어 결혼식에 왔는지 음식을 먹으러 왔는지 혼동이 되기도 한다. 그럼에도 신앙이 있는 사람들까지 예식장에서 결혼식을 올리는 것을 보니 마음이 아프다.

미국인은 기독교인이 아니더라도 평생 세 번은 교회에 간다. 첫 번째는 태어난 아기가 세례를 받을 때이고 두 번째는 결혼식을 올릴 때이다. 그리고 마지막은 죽어서 장례식을 행할 때이다. 평소에 존경하던 사람을 주례자로 세우는 우리나라와 달리 미국에서는 성직자가 아니면 법적으로 주례를 할 수 없으며, 거의 모든 결혼식이 교회에서 이루어진다. 라스베가스 같은 도박 도시에서는 돈만 주면 10분 만에 이혼과 동시에 결혼식을 할 수도 있지만, 그 결혼 장소 역시 교회당이며 목사가 주례를 선다.

그러면 유대인의 결혼식을 살펴보자. 그들은 결혼하기 1년 전부터 준비를 한다. 멀리 떨어져 있거나 타국에 있는 친지들에게 결혼을 알리고 초청장과 함께 비행기 티켓을 예약하는 것이다. 마찬가지로 친척들은 결혼식을 위해 오래 전부터 계획을 세우고 1주일 동안 휴가를 내 모여든다. 그들은 결혼식을 아주 중요하게 생각하는데, 그 이유는 '경건한 백성'을 만들 수 있는 유일한 예식이기 때문이다.

결혼식이 끝나면 우리는 보통 단둘이 신혼여행을 가지만, 유대인은 첫날밤을 친척들과 함께 지낸다. 손님들은 음식을 먹고 술을 마시며 춤을 추고 밤이 깊도록 신혼부부와 함께한다. 손님들이 언제까지 신혼방 밖에서 머무는지 궁금하지 않은가? 그것은 신랑신부가 첫 성경험을 한 후, 신부 몸에서 처녀막을 입증하는 피가 흘러나와 신랑이 그 피 자국을 손수건에 묻혀 손님들에게 보여줄 때까지이다. 손님들은 피 묻은 손수건을 보며 기뻐 환호성을 울리면서 계속 찬송을 부르고 춤을 춘다.

만약 신부가 어떠한 이유로든 처녀막이 터지지 않았다면, 신랑은 신부와 그 부모를 손님들 앞에서 망신을 주고 신부를 내버려도 되는데 이는 구약 신명기 22장에 명시되어 있는 말씀을 그대로 따르는 것이다. 그러나 신랑이 신부의 허물까지도 사랑한다면, 신랑은 자신의 옆구리를 칼로 찢고는 자신의 피를 손수건에 묻혀 손님들에게 보여준다. 신랑 되신 예수님께서 허물 많은 인생인 신부들을 위해 옆구리를 찢어 물과 피를 다 쏟아주셨던 모습과 비슷하기도 하다.

우리는 모두 21세기를 살아가는 유대인들이 지금도 이렇게 순결한 결혼식을 올린다는 것에 충격을 받아야 한다. 하나님께서는 아직도 예수님을 모르고 앞으로 오실 메시아를 기다리고 있는 유대인이지만, 그들이 말씀을 붙들고 온힘을 다해 자녀를 양육하는 것에 감동하셔서 오늘날 두 손을 들고 축복하시는 것 아닌가?

유대인은 여전히 '죄 중의 가장 큰 죄는 간음죄'라는 것을 믿는다. 랍비는 젊은 여성들을 교육할 때 "남편을 유혹하기 위해 예쁘게 꾸미는 것은 여호와의 영광을 위함이지만, 다른 남자를 유혹하기 위해 예쁘게 꾸미는 것은 사탄을 위함이다"라고 가르치며, "남편이 속을 썩인다고 해서 아내마저 가정을 버린다면, 이는 하나님의 선물인 자녀와 성전인 가정을 파괴하는 일이다"라는 것을 인식시킨다. 이러한 교육을 통해 그들의 가정은 언제나 든든히 서 있고, 축복의 보금자리가 되어 나라와 인류에 영향을 미치는 자녀를 키워온 것이다.

우선 교회가 이런 성경적 철학을 깨달아야 하고 그 다음에는 부모에게 가르쳐주어야 한다. 그리고 부모는 각오와 열정을 가지고 자녀들에게 그 열정을 넣어줄 수 있어야 한다. 우리 교회가 지금까지 이런 교육을 했는지, 사회와 민족을 위해 어떤 교육을 했는지 가슴에 손을 얹고 생각해보자.

09. 한국인의 교육과 유대인의 교육, 그 공통점과 차이점

우리나라 역사도 슬프지만 유대인의 역사는 그 어느 나라와도 비교할 수 없을 정도로 처절하고 비참하기 짝이 없다. 이스라엘을 정복한 로마의 디토 장군은 "정복자는 피정복자의 모든 건물을 무너뜨려야 하지만, 자비를 베풀어 건물 하나만은 부수지 않을 테니 어느 건물을 원하는지 말하라"라고 하였다. 유대의 랍비들은 긴급회의를 열어 어느 건물을 원할 것인지 의논했다. 우리의 상식으로는 그들이 목숨처럼 여기는 성전이라고 말했을 것 같지만, 그들은 성전이 아닌 도서관을 보존해달라고 부탁했다.

이후 나라를 빼앗긴 유대인들은 세계 각지로 뿔뿔이 흩어져야만 했다. 그때, 그들은 파괴되지 않은 도서관에 있던 성경과 구전으로 내려오던 여러 권의 탈무드를 마차에 나눠 싣고 이 나라 저 나라로 흩어져 갔다. 언제 죽을지도 모르고 언제 모든 것을 빼앗길지도 모르는 상황에서도 영적인 교육, 즉 여호와 하나님에 대한 철저한 신앙을 아이들에게 가르치기 위해 끝까지 노력했던 것이다.

우리나라가 독립해 임시정부를 수립했던 1948년, 이스라엘 역시 같은 해 5월 14일에 연합국의 승리로 독립을 얻게 되었다. 이제 두 나라는 해방을 맞이한 지 60년을 바라보고 있지만, 교육에 대한 열매는 서로 다르게 나타나고 있다.

지난 22년간 미국에서 살았던 나는 아이들을 훌륭하

게 키워내는 유대인의 모습을 곁에서 지켜볼 수 있었다. 1,200만 명의 유대인 중, 400만 명은 이스라엘 땅에서 살고 있고 800만 명은 외국에 흩어져 살고 있으며, 그중 600만 명은 현재 미국에 거주하고 있다. 그런데 전세계 민족의 0.2퍼센트 남짓한 이 작은 민족이 노벨상의 30퍼센트를 차지하고, 그중에서도 노벨 화학·물리·의학상은 거의 70퍼센트를 차지하고 있다.

뉴욕 맨해튼에 위치한 셀 수 없이 높은 빌딩의 60퍼센트가 그들의 소유이고 증권계와 부동산, 은행도 그들이 주로 경영권을 쥐고 있다. 또한 저명하고 실력 있는 의사나 변호사를 찾아가면 대부분 유대인이며 많은 문학가, 음악가, 미술가들이 뉴욕에서 맹활약하고 있다.

60년 전만 해도 그들은 유대인이라는 이유만으로 훌륭한 대학의 교수로 등용되는 것이 쉽지 않았으나, 지금은 우리가 우러러보는 세계 최고의 대학교수들 중 30퍼센트가 유대인이다. 대규모의 무기시장 및 보석상 나아가 농·수산물 시장도 유대인의 영향권 아래 있다. 무엇보다 그들은 정치권에서 엄청난 힘을 발휘하며 오늘날 미국의 정치와 경제를 좌지우지하고 있다. 그렇다면 그들의 성공비결은 무엇인가? 그들과 우리가 자유를 누린 기간은 거의 비슷하다. 물론 우리나라도 하나님의 축복으로 '한강의 기적'을 이루었지만, 그들과 비교하면 그 성적이 왠지 초라해 보인다.

한국인과 유대인에게는 여러 가지 공통점이 있다.

첫째, 신앙심이 깊다. 슬픈 역사를 지닌 한국의 조상들은 신을 찾아 복을 빌며 마음을 의지하였는데, 심지어 나무와 바위 혹은 산에다 제사를 지내며 신을 간절히 찾았다. 그러다가 기독교가 들어오자 많은 사람이 예수님을 영접하였으며, 교회가 크게 부흥함과 동시에 나라가 경제적으로 성장한 것은 참으로 하나님이 내려주신 복이다.

둘째, 부지런한 민족이다. 뉴욕에서 야채와 과일시장을 경영하던 유대인이 돈을 많이 번 다음, 다른 편한 직업을 택하고자 가게의 새 주인을 찾을 때면 으레 한국인을 만나게 된다. 새벽부터 나와 부지런히 일할 수 있는 사람들이 바로 한국인이기 때문이다.

셋째, 새벽기도를 잘한다. 그런데 새벽기도에 나오는 성도들을 보면, 우리나라는 주로 여자가 많고 정통 유대인의 새벽기도에는 주로 남자가 모인다. 유대인 아내는 남편이 새벽기도를 할 수 있도록 칭찬과 격려를 아끼지 않으며, 남편을 성전으로 보내는 역할을 한다. 우리나라 교회도 남자 성도가 많은 교회는 든든히 커가고 있음을 보게 된다. 남편이 하나님 앞에 바로 서 있다면 아내와 자녀, 그리고 가정의 행복도 저절로 이루어지지 않을까?

넷째, 자녀교육에 목숨을 건다. 하지만 그 교육열이 영을 위한 것인지 아니면 육을 위한 것인지에 따라 그 열매는 크게 달라진다. 한국인은 주로 육체의 안위를 위한 교육, 즉 좋은 대학 나와 좋은 직장에 들어가고 경제적으로 편안한 미래를 사는 것에 목표를 두고 있음을 부인하기 어렵다. 그러나 유대인은 자녀교육을 영적인 면에 건다. 물론 그 결과는 엄청난 차이를 보이고 있다.

지혜의 근본은 무엇인가? 우리는 "여호와를 경외하는 것이 지식과 지혜의 근본"이라는 잠언의 말씀을 잘 알고 있다. 그러나 "The fear of the Lord is the beginning of wisdom"(잠언 9:10)에서 경외란 예배를 잘 드리고 십일조 생활을 철저히 함에 그치는 것이 아니다. 그것의 원래 뜻은 '두려움'이다. 즉, 이는 "여호와를 두려워하는 것이 곧 지혜의 시작"이라는 말로 해석되어야 한다. 우리는 아이들에게 여호와는 '사랑과 축복과 용서만'을 주시는 하나님이라고 가르치지 않았는가? 그러나 성경은 지식과 지혜를 얻는 방법은 '여호와를 두려워하는 것'임을 확실하게 말씀하고 있다.

유대인은 하나님이 두려워 벌벌 떠는 민족이다. 어쩌면 그래서 오늘날 최고의 지혜를 소유한 것인지도 모른다. 유대인 남자는 머리에 '키파'를 쓰고 있기 때문에 금방 눈에 띈다. 그 모자는 '나의 하나님이 내 머리 위에서 나를 보고 계신다'는 것을 상기하기 위해 하루 종일 쓰고 다닌다. 아침에 엄마가 어린 아들에게 '키파'를 씌워주면서 "오늘도 너의 하나님이 너와 함께 동행하시므로, 하루 동안 두려운 마음으로 네 시간을 낭비하지 말고 하나님 계명의 말씀대로 행동하라!"라고 일러준다. 그들은 하나님을 두려워하는 마음으로 섬기며, 하루하루 열심히 살아온 결과로 오늘의 성공을 이룰 수 있었다.

그런데 남자들만 키파를 쓰고 찌찌를 입는 이유가 의미심장하다. 어느 랍비가 말하기를 여자들은 키파나 율법을 몸에 지니지 않아도 하나님을 두려워하며 잘 섬길 수 있는데, 남자들은 그렇게 율법을 몸에 감고 다니지 않으면 자신도 모르는 사이에 하나님을 떠나 죄 지을 확률이 높기 때문이라고 한다.

유대인 남자들은 '찌찌'라는 613개의 술이 달린 조끼를 입고 다니는데, 이는 모세오경에 나오는 사람이 살면서 지켜야 할 613개의 율법을 의미한다. 그렇다면 613이란 숫자는 어떻게 나온 것일까? 사람의 뼈의 숫자는 248개이고 일 년은 365일인데, 이를 더하면 613이라는 숫자가 나온다. 이것을 해석하면 '일 년 365일 동안 매일 너의 뼈 마디마디에 하나님의 율법을 새기고 다니라'는 뜻이다. 그들은 두렵고 떨리는 마음으로 온 몸에 하나님의 율법을 칭칭 매고 다닌다. 그렇다고 그런 유대인을 율법주의자라고 비판만 하려는가? 그들은 "율법의 행위는 곧 사랑의 행위이다!"라는 사실을 확실히 믿고 아이들에게 가르치고 있으며, 그렇게 하나님의 율법을 실천해 오늘의 축복을 만들어냈다.

나는 간혹 유대 랍비였다가 기독교로 개종한 사람을 만나기도 했다. 그들은 영적으로 가엾은 자신의 민족을 위해 기도해 달라고 간절히 부탁하며, 예수님을 전할 전단지를 비롯한 선교비를 후원해주기를 호소했다. 이스라엘에서는 인구의 1퍼센트만이 기독교인으로, 그들은 공적인 보호를 받지 못하고 옛날 초대 교인들이 핍

박을 받았던 것처럼 공동 사회생활에서 제외되어 힘든 신앙생활을 유지하고 있다. 그럼에도 그들은 자신의 기쁜 복음을 유대인에게 알리고 예수그리스도를 전하려 애를 쓴다.

정통 유대 랍비의 강의나 설교를 들으면 마음속에 아무런 은혜가 되지 않는다. 왜냐하면 예수그리스도의 구원의 메시지가 없기 때문이다. 따라서 구약만 갖고 있는 그들에겐 천국에 대한 소망이 없다. 구약성경에는 천국과 지옥에 대해 적혀 있지 않기 때문에 사람이 죽으면 그냥 '잔다' 혹은 '조상에게로 돌아간다'라고 생각한다. 그래서인지 그들은 매시간 더욱 열심히 살아가며 자신이 몸담고 있는 장소와 가정을 천국으로 만들고자 몸부림을 친다. 반대로 우리가 혹시 '이 세상은 괴로운 세상…', '세상 등지고 십자가 보네…'라고 찬송하며, 현실을 비관적으로 보고 오직 천국만을 사모하여 어리석게 시간을 흘려보내지는 않았는지 반성해보자.

우리 아이들은 학교에서나 가정에서 세상교육과 기술

교육으로 많은 시간을 보낸다. 책상 위에 앉아 있는 시간이 많아서인지 많은 청소년의 어깨가 휘어져 있는 것을 볼 때마다 마음이 아프다. 그들의 얼굴엔 웃음이 사라져버린 지 오래고, 보이지 않는 뇌세포는 많이 망가져 있음을 직감적으로 알 수 있다.

하나님의 말씀을 생명처럼 여기는 유대 아이들의 수업시간표를 보면 벌어진 입이 다물어지지 않는다. 그들의 교육은 세상교육이 아니라 4,200년 전과 마찬가지로 성결교육으로 이루어진다. 오전 7시 30분부터 오전 8시 15분까지는 기도와 묵상의 시간, 8시 15분부터 9시까지는 아침식사 시간이다. 물론 이때는 좋은 음식(코셔-성경 말씀에 입각한 깨끗한 음식)을 골라서 먹이지만, 아이들의 뇌를 깨우기 위해 일부러 딱딱한 빵인 베이글(bagel)을 먹인다. 식사가 끝나면 12시 30분까지 아이들은 성경과 탈무드, 민족의 역사교육으로 오전 시간을 보낸다. 그리고 점심을 먹고 나면 오후 1시 35분까지는 다니엘의 점심 기도시간이다. 세상교육은 오후 1시 40

분부터 오후 5시 50분까지 4시간 10분만 한다.

그 결과는 매우 놀랍다. 지혜와 성결교육이 세상교육보다 앞서 행해졌을 때, 엄청난 교육의 결실이 나타나는 것이다. 이는 역사책이나 소설책에 나오는 것이 아닌, 오늘날 우리와 함께 21세기를 살아가는 유대인의 실제 모습이다.

반면 우리나라 교육은 어떠한가? 내가 잠시 살았던 동네는 경기도 의정부였는데, 집 앞에는 의정부에서 제일 좋은 고등학교가 있었다. 내가 밤 9시나 10시경 집으로 돌아가는 시간에 학생들은 하교를 한다. 그들은 몹시 지쳐서 얼굴이 어둡고 책상에 오랫동안 앉아 있었던 탓에 어깨는 조금씩 구부러진 모습이다. 때때로 대형버스가 학교 주위를 빙 둘러선 모습을 보기도 했다. 나는 그 버스들이 늦은 밤에 하교하는 학생들을 위해 집으로 데려다주는 줄 알았다. 그런데 그 버스들의 정체를 안 후, 나는 경악했다. 학생들은 그 밤에 버스를 타고 각각 학원으로 가야 한단다.

'한국의 학생들은 저토록 공부를 많이 하는구나!'

나는 궁금증을 참지 못해 그 고등학교에서 서울대학교에 몇 명이나 입학했는가를 물었다. 어이없게도 작년과 올해에 한 명도 입학하지 못했단다. 맙소사! 세상교육을 죽어라고 시킨다고 해서 아이들이 뛰어난 지혜나 지식의 뇌를 가질 수 있겠는가?

그렇다고 모든 유대인이 하나님을 두려워하고 떨림으로 경외하는 것은 아니다. 그들 중에도 이혼하는 가정이 있고 도둑질과 살인을 저지르는 사람도 있다. 오직 민족의 10퍼센트인 정통 유대인만이 하나님을 경외하려 몸부림치는 삶을 살고 있고, 보수 사상을 지닌 20퍼센트가 이들과 함께하려 노력한다. 그들의 사상, 곧 하나님을 두렵게 섬기는 마음이 오늘의 이스라엘을 이끌어낸 것이다. 그렇다면 우리나라도 민족의 30퍼센트나 되는 기독교 인구 중 1/3만이라도 하나님 말씀대로 행하고 자녀를 양육한다면, 우리도 그들에 못지않은 훌륭한 후손을 만들 수 있다는 수학적 공식이 성립되지 않는가?

　오늘도 우리의 사랑스런 아이들은 엄마, 아빠와 함께 하나님의 말씀을 나누기보다는 학교에서 학원으로 돌아가며 쉴 틈 없이 괴롭힘을 당하고 있다. 두려운 마음으로 하나님을 섬기는 것만이, 하나님의 말씀을 아이들에게 가르치는 것만이 그리고 그것을 지켜 행하는 것만이 이 험한 세상에서 우리 아이들을 살릴 수 있는 유일한 방법임을 깨닫자. 예수님의 사랑의 말씀과 함께 하나님의 명령에 의지하면서 아이들을 양육한다면, 우리는 유대인보다 더 훌륭한 후손을 배출할 수 있을 것임을 확신한다.

10. 어머니, 저를 돼지로 키우실 건가요?

 제2차 세계대전 당시, 오키나와에서 일본군과 미국군이 전쟁을 치르느라 많은 군인이 죽어갈 때 그들은 모두 마지막 외침으로 '어머니!'를 부르며 전사했다고 전해진다. 또한 사형선고를 받은 대부분의 사형수도 형을 당하기 전, 간절히 '어머니!'를 부르며 삶을 마친다고 한다. 어쩌면 어머니는 우리 삶의 시작을 주신 분이기에 죽음 앞에서 보고 싶고 부르고 싶은 아름다운 이름일지도 모른다. 만약 사형수에게 좋은 어머니가 있었다면,

그는 틀림없이 그토록 힘들고 험한 길을 가지는 않았으리라.

그러므로 어린 자녀가 있는 어머니는 아이를 잘 키우는 것을 제일의 목표로 삼아야 한다. 어떤 어리석은 사람은 이렇게 말한다.
"내가 하나님의 일을 열심히 하니까, 하나님께서 내 자식을 알아서 잘 키워주실 거야."
어쩌면 이 말은 사탄이 아이의 양육을 포기하라고 속삭이는 소리일지도 모른다.

오늘날 한국 교회는 신앙이 깊은 수많은 어머니의 수고로 큰 부흥을 맞이했음을 부인할 수 없다. 어떤 신도는 교회 전도사나 목사들보다 더 많이 교회의 부흥을 위해 헌신한다. 그들의 노력을 통해 한국 교회는 세계가 놀랄 정도로 크게 부흥하였다.

그러나 어머니들은 교회 봉사에 앞서, 가정과 자녀를

잘 돌보는 것을 최고의 사명으로 삼아야 한다. 그 이유는 하나님이 첫 어머니인 하와에게 주신 최초의 사명이 '남편에 대한 순종'과 '자녀 양육'이기 때문이다. 남편에게 순종하고 자녀들을 잘 양육하는 일은 아내에게 부여하신, 하나님의 영광을 위한 첫 번째 임무임을 깨닫자.

학교에서 지치도록 공부를 하고 돌아온 아이들은 어머니가 반갑게 맞아주길 원한다. 그러나 오늘날 아이가 학교에서 돌아오기를 기다렸다가 반갑게 맞아주는 어머니는 그리 많지 않다. 늘 집을 비우기 일쑤이며 겨우 전화를 걸어 "엄마 지금 바쁘니까, 있는 돈으로 음식 주문해서 먹어라!"라고 말하는 경우가 많다. 이때, 아이의 상실감이 얼마나 클까? 오늘 당신은 얼마나 바쁜 어머니였는가?

혹시 어머니의 바쁜 일상생활 때문에 깨끗하고 영양가 있는 음식물을 섭취해야 할 우리의 아이들이 인스턴트 음식을 너무 많이 먹지는 않는가? 이는 하나님의 선물인 우리 아이들의 몸과 마음을 어둡게 한다는 것을 심각하게 생각해보아야 한다. 나는 자녀교육에 헌신적인 어머니를 둔 아이가 간혹 하나님을 부인하고 곁길로 나가는 것도 보았지만, 어머니의 바쁜 생활과 무관심 속에서 길을 잃고 헤매는 아이를 더 많이 보았다. 밤거리를 헤매며 방황하는 많은 청소년에겐 "빨리 집에 들어와 저녁 먹으라"고 재촉하는 어머니가 없는 듯이 보인다. 그들은 아무도 자신을 기다리지 않고, 맛난 저녁 밥상도 없는 집에 돌아가고 싶어 하지 않는다. 어쩌면 그래서 늦은 밤까지 유독 자신을 이해하는 친구들과 함께 있는 것을 위안으로 삼는 것은 아닐까 생각해본다.

우리나라의 음식문화는 세계 어느 나라보다 발전했고, 동네마다 셀 수 없이 많은 음식점이 영업을 하고 있다. 아마도 그 이유 중 하나는 음식하기를 싫어하는 게으른 어머니들이 많이 늘었기 때문일 것이다. 주님 앞에서 칭찬받는 어머니는 아이들이 먹을 음식을 깨끗하고 정결하게 정성껏 만드는 어머니이다. 영어에 이런 속담이 있다. "What you eat is what you are!" 이 말은

"당신이 먹는 그 음식이 바로 당신 자신이 된다!"라는 뜻이다. 좋은 음식을 섭취하면 좋은 사람이 되고, 나쁜 음식(junk food)을 먹으면 몸도 마음도 고물(junk)이 된다는 의미이다.

아이가 영적·육적으로 올바로 성장하길 원한다면, 어머니는 좋은 음식과 더불어 하나님의 말씀을 아이에게 먹여야 한다. 유대인은 우리 같은 이방인을 아직도 동물과 다르지 않다고 생각한다. 그 이유는 우리가 아이들에게 음식을 "먹어라! 더 먹어라! 좋고 맛있는 것을 많이 먹어라!"라고만 하기 때문이다. 이렇게 자란 아이들은 동물과 다름없이 자기 배만 채우는 돼지 같은 사람이 된다. 그러나 영양가 있는 깨끗한 음식과 함께 영을 살찌우는 하나님의 말씀을 "먹어라, 더 먹어라!"라고 한다면, 당신은 자녀교육에 성공한 어머니 반열에 설 수 있다.

아이들이 식탁에서 밥을 먹고 있을 때, 어머니는 무얼 하는가? 혹시 아이들 옆에서 "성적이 왜 그래?", "시험에서 몇 개 틀렸어?", "왜 늦게 들어왔니?" 등의 잔소리만 늘어놓는가? 아니면 텔레비전에서 눈을 떼지 못하거나 친구와 전화로 수다를 떠느라 아이와의 귀중한 시간을 허비하고 있지는 않는가? 아이들이 식사를 하는 그 귀한 시간에 엄마의 사랑으로 만들어진 깨끗한 음식과 함께 아이들에게 귀한 성경 말씀을 먹이자. 그러면 아이들은 육의 양식과 영의 양식을 한꺼번에 먹으며 건강하고 지혜로운 아이로 성장할 것이다.

집안을 한번 둘러보라. 주님을 모실 수 있도록 정리 정돈이 잘 되어 있는가? 어머니는 항상 집안 청소를 깨끗이 해야 한다. 왜냐하면 하나님은 교회에만 계시는 것이 아니라, 가정에도 계시기 때문이다. 유대인의 어머니는 가정을 무척 깨끗이 건사한다. 그들은 여호와 하나님이 자신들과 함께 지내신다고 믿기 때문에 항상 정결하도록 가정을 쓸고 닦는다.

14세기 무렵 유럽에 페스트라는 무서운 전염병이 돌아 유럽 인구의 3분의 1이 죽었을 때, 집집마다 곡하는 소리가 들릴 정도로 많은 사람이 죽어 나갔지만 유독 유대인이 모여 사는 동네에서는 한 명의 사상자도 없었다. 당시 유럽 여러 나라는 예수님을 십자가에 못 박아 죽인 유대인을 미워했기 때문에 유대인을 죽이는 것은 살인죄에 해당되지 않았다. 그들은 사상자가 한 명도 나지 않은 유대인이 페스트를 퍼트린 범죄자라는 누명을 씌웠고 유대인 학살을 자행하였다. 하지만 유대인 중에서 희생자가 한 명도 없었던 이유는 각 가정의 어머니가 항상 가정의 청결을 유지해 페스트균이 침투하지 않았기 때문이다. 당신의 집안은 어떠한가? 깨끗한 가정에 주님이 주인으로 함께 거하고 계신가?

세월은 쏘아올린 화살처럼 지나가기에 아이들이 곁에 있는 기간도 잠깐이면 지나가버린다. 바이올라 대학의 네레모아 교수는 "어머니가 자녀 돌보는 것을 지겹게 여긴다면, 무슨 수를 써서라도 그녀의 태도를 바꿔놓아야 한다. 그렇지 않으면 많은 아이들이 교도소나 정신병원에서 헤맬 것이다"라고 말했다. 자녀를 돌보는 시간을 아깝다거나 지겹다고 생각하지 말자. 그 시간은 하나님께서 당신에게 주신 천사요 보배들에게 헌신하는, 즐겁고 귀한 천국의 기쁨을 느낄 수 있는 잠깐의 순간이기 때문이다. 천국은 마음속에 있고 세월은 빠른 속도로 날아가 버릴 것이기에 아이들과 함께할 수 있는 지금을 즐겁게 보내길 바란다.

모든 어머니는 매일 아이들을 위해 애틋한 기도를 드려야 한다. 그와 더불어 어머니는 사랑이 담긴 음식을 만들어주고 아이들을 하나님의 말씀으로 돌보며 집안을 깨끗이 청소해야 한다. 성실히 교회를 섬기는 어머니의 헌신을 보고 자라는 아이들은 세상이 줄 수 없는 행복감을 갖고 자라며, 어떠한 사탄의 유혹도 넉넉히 이겨낼 힘을 갖게 된다는 것을 믿자.

세상의 모든 어머니가 하나님이 주신 귀한 가정을 위해 그리고 아이들을 위해 감사함으로 주님께 지혜를 구하며, 자녀들을 날마다 주님께로 더 가까이 데리고 가야 할 귀한 사명을 이루길 간절히 바라면서….

11. 불행한 아담의 가정

미국 로스앤젤레스의 클레몬트 대학원 대학교(Claremont Graduate University)는 '서부의 하버드'라 불릴 정도로 뛰어난 여성학, 종교철학, 신학으로 유명하다. 그 학교의 명성이 자자한 어느 교수는 "하나님은 남성이 아니라 여성이다!"라고 주장하며 하나님의 여성스러운 면에 대해 나름대로 이론을 펼치기도 한다. 우리의 작은 두뇌로 하나님이 남성인지 여성인지에 대한 결론을 내린다는 것은 우스운 일이지만, 성경을 통해 나타나는 하나님이 남성을 더 사랑하시는 것만은 확실하다.

성경에 나오는 인물들의 가정에 대해 공부하려면 구약성경 중 창세기를 읽어야 한다. 창세기에만 가정에 관한 이야기가 자세히 나와 있기 때문이다. 처음으로 등장하는 것은 아담과 하와의 가정이다. 아담과 하와가 먹지 말라는 선악과를 따먹고 죄를 지었을 때, 하나님은 먼저 죄를 지은 하와를 부르지 않으시고 남편인 아담을 불러 왜 그랬는지를 물으셨다. 선악과를 먼저 따먹고 남편에게도 죄를 짓도록 유도한 사람이 아내 하와임을 아시지만, 하나님은 "아담아, 아담아, 네가 어디 있느냐?" 하며 아담을 먼저 찾으신다. 하나님이 아내의 머리인 남편을 더 사랑하시기에, 그래서 그 책임이 더 크기 때문에 먼저 아담을 찾으신 것은 아닐까?

그때 아담은 "하나님이 주셔서 나와 함께한 여자, 그가 그 나무 실과를 내게 주므로 내가 먹었나이다"라고 대답한다. 이 구절은 "하나님께서 그 여자를 왜 내게 주셨습니까?"라는 말과 "그 여자(the woman)가 내게 주었거든요? 그러니까 이것은 내 잘못이 아니고 하나님과 그 여자의 잘못이지요"라고 해석된다. 이 일이 벌어지기 바로 전, 아담은 사랑스런 아내 하와를 향해 "내 뼈 중의 뼈요, 살 중의 살"이라고 고백했지만, 상황이 곤란해지자 '그 여자'라고 호칭을 바꾸면서까지 자신의 잘못을 시인하지 않고, 그 책임이 곧 하나님과 하와에게 있다고 핑계를 댄다.

다윗 왕은 나단 선지자로부터 죄에 대한 꾸중을 듣고는, 곧장 엎드려 이레 동안 금식하고 눈물로 회개하였다. 아담도 다윗처럼 그 잘못을 아내에게 전가하지 않고 "그저 제 잘못이니 용서해 주십시오"라고 울었다면, 틀림없이 하나님의 진노는 그렇게 무섭지 않았을 것이고 인류의 역사는 크게 달라졌으리라 상상한다.

미국인과 자주 만나는 사람은 다음의 말이 무슨 뜻인

지 이해할 수 있을 것이다.

그들은 누군가가 재채기를 하면 그가 안면이 있든 없든 다 함께 입을 모아 "(God) Bless you!"를 외친다. 그러면 재채기를 한 사람은 "Thank you!"라고 답하고 상대편은 다시 "You are welcome!"이라고 화답한다.

이러한 모습은 고요한 예배시간이든 심각한 장례식 중이든 가리지 않고 어디서나 볼 수 있다. 그게 이상해서 평소에 친하게 지내던 니콜스(Nichols) 목사님께 물었더니 이런 설명이 돌아왔다.

"하나님이 태초에 인간을 지으셨을 때, 조금 불완전하게 만들어놓으셨기에 선악과를 따먹어 죄를 짓게 되었고 재채기도 하게 되었다. 따라서 그때마다 'God bless you! - 하나님의 축복을 받으세요!' 라는 말을 함으로써 서로 복을 빌며 하나님을 다시 한번 상기하는 서양의 전통이다."

알든 모르든 시시때때로 하나님의 축복을 빌어주는 그들의 문화가 참 좋아보였다. 그리고 그 이야기를 들으니 '아, 그렇구나! 하나님이 아담을 불완전하게 만드셨기에 아담은 선악과를 따먹을 수 있었고, 그렇게 남에게 핑계를 댈 수 있었겠구나' 하는 생각을 했다.

얼마 전, 아주 행복한 여성 한 명을 만났다. 그녀는 나이답지 않게 젊어보였고 무슨 일에든 긍정적인 자세를 보여주었다. 그 비결이 무엇인지 묻자, 그녀는 남편의 이야기를 들려주었다.

"남편은 집안에 어려운 일이 있을 때마다 '모두 내가 부족한 탓이야, 내 잘못이야!' 하며 저를 위로합니다. 심지어 제가 운영하는 어린이집에 아이들이 많이 모집되지 않아 고민할 때도 남편은 '여보, 내가 많이 도와주지 못해 아이들이 많이 모이지 않나봐. 미안해' 라고 말할 정도지요."

그러니 그 아내와 자녀들은 사연히 남편과 아빠를 사랑하고 존경하게 되고, 결국 모든 사람이 부러워하는 행복한 가정을 이루게 된 것이다. 그 아내는 다시 태어나도 "지금의 남편과 결혼하고 싶다"는 사랑스런 말을 내게 들려주었다. 그 남편은 부드럽게 대화하는 방법을 잘 알고 있다. 대한민국의 모든 남편이 어떻게 말을 하면 아내의 힘든 마음을 풀어주고 즐겁게 해줄 수 있는지를 배우려고 노력한다면 우리의 가정은 더욱 행복해지지 않을까?

나는 때로 아담의 아내 하와처럼 불행하게 살아가는 아내들을 만나기도 한다. 그들의 이야기를 들으면 마음이 어둡고 답답해진다. 가정이나 자녀에게 어려운 일이 닥칠 때마다, 남편이 그 책임을 아내에게만 전가시키는 것이 불행한 결혼생활을 하는 아내들의 공통점이다. 물론 그 일이 어쩌면 아내 때문에 생긴 것인지도 모른다. 그러나 그 일로 해서 아내의 속은 이미 상해 있다. 그때 남편이 위로가 되지 못하고 무지한 말로 아내의 어깨 위에 힘겨운 짐을 더 지워준다면, 아내는 결혼한 것을 천 번 만 번 후회하게 된다.

세상의 모든 남편에게 외치고 싶다. 혹시 아내가 실

수를 해도 미련한 아담이 되어 가정을 구렁텅이로 끌고 가지 말라고! 그 결과는 가시덤불과 엉겅퀴뿐이며 그것이 자라나 가정을 해칠 뿐, 결코 해결책이 아님을 깨달아야 한다. 아내의 실수를 남편이 함께 짊어지고 갈 때, 아내는 남편이 옆에 있음을 하나님께 감사하고 감격할 것이 아닌가?

아내의 실수로 에덴동산에서 쫓겨난 아담과 하와는 어떤 생활을 했을까? 하루 종일 여러 동물과 어울려 놀 수 있는 푸른 초장과 시냇물, 계절마다 바뀌는 멋진 동산, 그리고 일하지 않아도 언제든 먹을 수 있는 맛있는 과일과 야채는 더 이상 볼 수가 없다. 오히려 그들로 인해 저주를 받은 땅은 가시덤불과 엉겅퀴뿐이라 아담과 하와는 먹을 것을 위해 땀 흘려 종일 일해야 한다. 사람에게 내린 저주와 함께 산과 들과 땅도 저주받는 것을 보면서 인간인 우리가 하나님 앞에서 어떻게 살아야 할지 깊이 생각해보아야 한다.

다시 에덴에서 쫓겨난 아담과 하와 부부에게로 가보자. 하나님 앞에서 회개하지 않고 서로에게 핑계를 댔던 그들은 아마 서로를 저주하고 부부싸움을 하며 지냈을 것이다.

그렇다! 서로 행복해지려 노력하지 않고 싸움만 하는 가정의 열매는 저주뿐이다. 이처럼 불행하게 살아가는 아담과 하와에게 아기가 생겼는데, 그 아기의 이름은 가인이다. 가인의 태내 환경은 불행! 그 자체였다. 뱃속에서부터 부모가 서로 싸우는 소리를 들어야 했고, 하와의 한숨소리와 근심, 불안 속에서 열 달의 태아 시절을 보낸다. 또한 가인은 태어난 후에도 행복하지 못한 부모의 모습을 보며 하나님을 섬기는 법이나 부모를 공경하는 것, 동생을 사랑하는 방법을 배우지 못한다.

세월이 흐르고 아담과 하와가 어려운 환경에서 서로에게 조금씩 적응했을 때, 둘째아들 아벨이 태어난다. 순한 아벨은 하나님을 사랑하는 사람으로 자라지만, 이미 미움과 다툼 속에서 성장해 버린 가인은 하나님을 진심으로 섬길 마음도 없고 동생을 이해하며 사랑하기보다는 미움과 질투의 마음만 가득하다. 그는 하나님께서 자신의 예배를 받지 않으시고 동생의 예배만 받으시는 것을 보고 화가 치밀어 오른다. 동생 아벨을 살해하려는 죄악의 계획을 미리 아신 하나님께서는 그에게 악한 생각을 버리라고 경고하시지만, 하나님의 말씀을 듣지 않은 가인은 동생이 들에 혼자 있을 때 죽여 버리고 땅에 묻는다. 그는 살인자가 되었어도 하나님 앞에서 아무런 죄의식을 느끼지 못하며 이야기한다.

"내 동생이 어디에 있는지 내가 알지 못하니, 내가 동생을 지키는 자이니까?"

지금 우리의 모습은 어떠한가? 우리는 지금 자녀에게 어떤 모습을 보여주고 있는가? 행복한 부부의 모습인가? 아니면 싸움을 하는 아담과 하와의 모습인가? 부모의 삶을 보면 자녀의 인격과 그들의 미래 행복 및 불행은 이미 결론이 나고 있지 않는가? 모든 남편들이여! 부디 어린아이 같은 생각과 말투에서 벗어나 하나님이 주신 사랑스런 가정을 잔잔한 시냇물가로, 푸른 초장으로 이끌고 가는 훌륭한 가장이 되길 간절히 바란다.

12. 아브라함 – 거짓말쟁이 남편

"믿음의 조상은 누구?"

"아브라함이요!"

"창세기에 나오는 거짓말쟁이는 누구?"

"……누군데요?"

"아브라함!"

"네? 믿음의 조상 아브라함이요?"

아브라함을 거짓말쟁이라고 하면, 신앙인들은 나를

이단이라고 손가락질할지도 모른다. 우리는 설교 때마다 아브라함이 '믿음의 조상'이며, 모든 인류는 그를 통해 복을 받고 있다고 듣고 자랐다. 그러나 이것은 내 말이 아니고 유대인이 자녀에게 가르치는 내용 중 하나이다.

"너희는 아브라함처럼 거짓말쟁이가 되지 마라."

성경은 세상에 완전한 사람은 없다고 말씀하고 있다. 누구에게나 부족한 면이 있다는 얘기다. 오직 예수님만이 완전하신 분이다. "믿음의 주요, 온전케 하신 예수를 바라보자!"라는 성경 말씀은 영어로 "Fix your eyes on Jesus!"로, '바라보자!' 라는 말보다 더 강한 '고정시키라!' 이다. 즉, "네 눈을 예수님께 맞추어(나사나 못으로) 고정시키라!"의 뜻으로 해석해야 한다. 내 눈이 항상 예수님만 바라보고 있다면, 내 환경이 아무리 어렵고 힘들어도 행복한 마음을 가질 수 있다. 그러면 누구에게나 찾아오는 삶의 고통과 어둠의 시험도 그 행복한 마음을 무너뜨리지 못하고 쉽게 지나가 버린다.

이 세상에 완전한 사람이 한 명도 없듯, 완전한 가정도 없는 것 같다. 친구나 교회 식구들을 만나 이런 저런 이야기를 하다보면, 행복해 보이는 가정도 여러 가지 문제를 안고 있음을 알게 된다. 자식 문제, 시부모님과의 문제, 경제적인 문제, 신앙의 문제 등. 그중 가장 심각한 문제는 부부관계이다.

모든 아내는 남편이 좀더 완전한 사람이 되기를 기대하는데, 남편이 그 기대에 어긋날 경우 아내는 여러 가지로 반응을 보인다. 잔소리가 심해지거나 아예 무관심해져 대화를 끊어버리기도 한다. 아니면 그 화풀이를 아이들에게 하거나 집안 살림 팽개치고 밖으로 돌아다니며 다른 것에 몰두해 남편으로부터의 소외감을 채우려고 한다. 그러나 이런 것은 결코 좋은 해결방법이 될 수 없다.

성경에 나오는 가정을 살펴보려면, 구약의 창세기에 나오는 가정을 보아야 한다. 구약에 나오는 아브라함(처음의 이름은 아브람)의 가정은 우리처럼 믿는 사람들의 '믿음의 표상'으로 나타난다. 아브람이 살았던 당시에도 지금처럼 사람들은 우상을 섬기고 성적으로 타락하며 하나님을 두려워하지 않았다. 그러나 오직 한 사람, 하나님을 신실히 섬기던 순결한 아브람을 하나님은 '복의 근원'으로 지명하시고 시시때때로 나타나셔서 축복을 주시며 많은 물질과 자녀들을 셀 수 없이 주시기로 약속하신다. 아마 아내 사래도 현대의 아내들처럼 남편 아브람이 실수하지 않는 완전한 남편이기를 바랐을 것이다.

그러나 믿음의 조상 아브람도 완전한 남편이 아니었기에, 하나님이 직접 나타나셔서 자녀를 많이 주시겠다고 말씀하신 약속을 잊고 큰 실수를 한다. 아는 사람이라곤 전혀 없는 새로운 동네로 이사와 겁에 질린 아브람은 '내 예쁜 아내 사래 때문에 누가 나를 죽이고 그녀를 빼앗으면 어떻게 하나? 오늘이라도 사람들이 나를 죽이러 오지 않을까?' 하며 걱정을 한다. 아름다운 사래를 본 동네 사람들은 수군거리며 그녀의 미모를 칭찬하였고, 겁이 난 아브람은 사람들에게 그녀를 자신의 누이라고 소개했다.

이를 사실로 받아들인 바로 왕이 그녀를 아내로 맞이하는 어처구니없는 장면이 창세기 12장에 나온다. 아내를 바로 왕에게 시집보내기 전, 아브람은 "아이고, 왕이시여! 제가 죄를 지었습니다. 제가 혹시 죽을까 하여 거짓말을 했습니다. 그녀는 제 누이가 아니고 아내이오니 제발 데려가지 마십시오"라고 용서를 구했어야 믿음의 조상 아브라함다운 이야기일 것이다. 그러나 그는 비겁하게도 그러지 못하고 멀쩡하게 아내를 다른 남자 품으로 보내고 말았다.

그런데도 하나님은 아브람 편이셨다. "이 믿음이 없는 자여!"라고 아브람을 야단치셔야 당연한데, 대신 하나님은 죄 없는 바로 왕을 저주하신다. 그리고 아브람에게 또 나타나셔서 축복해주신다. "네 자손으로 땅의 티끌 같게 하리니… 하늘의 뭇별을 셀 수 있나 보라…

사람이 땅의 티끌을 능히 셀 수 있을진대 네 자손도 능히 세리라…" 하며 저주 대신 자녀에 대한 축복의 약속을 주신다.

그래도 아브람의 실수 때문인지 하나님은 그에게 자식을 빨리 주시지 않으시고 기다리고 또 기다리게 하신다. 오랫동안 아기를 바라던 아브람과 사래는 하나님의 약속을 잊고 또 다시 큰 실수를 한다. 그것은 몸종 하갈에게서 아들을 얻는 사건이다. 그때부터 시작된 아브람 가정의 불화는 수천 년이 지난 오늘날까지도 이어지고 있다. 그의 자손이 끊임없이 전쟁을 치르는 것을 보면서 아마도 천국에 있는 아브라함은 마음이 무척 괴로울 것이다. 다음 장면을 보자.

몸종 하갈은 아기를 잉태하자마자 자신의 주인인 사래를 업신여기기 시작했고, 억울한 마음을 품은 사래는 아브람을 원망하며 심한 부부싸움을 해대고 잉태한 하갈을 학대하기 시작한다. 사래의 핍박과 미움이 심해지자 배가 불러온 하갈은 사래를 피해 혼자 광야로 도망 다니며 힘든 시간을 보낸다. 먹을 것과 마실 것도 없고 자신을 보호해줄 남편도 없는 광야에서 하갈이 헤매는 동안, 태중에 있던 이스마엘은 틀림없이 큰 상처를 받았을 것이며 성경에서 보듯 결국 인격적 장애를 갖고 태어난다.

창세기 17장으로 가보면 하나님은 약속을 기다리지 못한 아브람에게 나타나셔서 "너는 내 앞에서 행하여 완전하라!"라고 야단치며 이름을 아브라함이라 바꾸시고 사래도 사라로 바꿔주신다. 창세기가 역사의 순서대로 적혀 있다면, 창세기 20장엔 정말 믿어지지 않는 사건이 또 일어난다. 그랄 땅으로 이사한 아브라함은 이삭을 얻기 바로 전인 백 살이 되면서 아흔 살이 된 아내 사라를 다시 시집보내는 실수를 저지르게 된다.

예쁜 사라를 훔쳐가기 위해 아브라함을 죽이려고 군사를 끌고 쳐들어 온 사람은 아무도 없었다. 그러나 아브라함은 자신의 목숨을 스스로 위태롭게 여겨, 다시 아내 사라를 누이라 거짓말하고 이번엔 그랄 왕 아비멜렉에게 시집보내는 사건이 나온다. 아내 사라는 그 늙은 나이에도 무척 아름다운 여인이었나 보다. 더욱 충격적인 것은 이 일이 소돔과 고모라의 사건 이후에 일어났다는 점이다. 조카 롯을 구하기 위해 하나님과 계속 대화하던 아브라함이 어찌 아내를 또 다른 사람에게 내줄 수 있었는가? 그것도 강제로 빼앗기는 것이 아닌 자기 스스로 거짓말을 하면서까지….

이번에도 하나님은 아브라함을 책망하지 않으시고, 아비멜렉을 야단을 치시며 그 집안에 무서운 재앙을 내리셨다. 그 장면을 보면서 아브라함을 향한 하나님의 무조건적인 사랑과, 끝까지 용서하시고 참으시는 그분의 놀라운 마음 그리고 변치 않는 사랑을 볼 수 있다.

마침내 늙은 아브라함과 경수가 끊어져 도저히 아기를 낳을 수 없는 사라에게서 이삭이 태어난다. 그러나 그 기쁨 뒤에는 그들의 실수로 인한 괴로움이 계속 이어진다. 하갈의 아들 이스마엘은 좋지 않은 태내 환경에서 엄마의 나쁜 성격을 그대로 받아 태어났기에 사라의 아들 이삭을 질투하며 놀려댔다. 그때부터 수천 년이 지난 오늘날까지도 우리는 아브라함의 친자와 서자의 싸움이 끊이지 않고 있는 것을 본다.

오늘날 유대인은 자녀들을 교육시킬 때, "아브라함은 우리의 믿음의 조상이요 복의 근원이지만, 그는 거짓말쟁이였다. 너희들은 살아가면서 절대로 거짓말을 하면 안 된다!"라고 엄히 가르친다. 비록 성인이라 할지라도 그의 삶에서 잘한 것과 잘못한 것을 자녀에게 진솔히 교육할 때, 아이들은 진실과 거짓을 구별할 줄 아는 능력을 기르고 또한 사람에게 약한 점이 있음을 알고 서로를 이해하는 마음을 키워가게 된다.

아내들이여! 여기서 한 가지만 깊이 생각해보자.
옆에서 잠자고 있는 남편은 아브라함 같은 믿음의 소유자가 아니고, 하나님이 직접 나타나셔서 함께 대화하는 의인도 아니며 소돔과 고모라의 심판을 직접 본 적도 없는 약한 사람이다. 그러니 작은 실수 정도는 용서해야 하지 않을까? 비록 남편이 가정을 행복하게 이끌지 못하고 여러 가지로 부족한 데다 맘에 들지 않지만, 그래도 믿음의 조상 아브라함보다 훨씬 나은 사람이라고 생각해야 하지 않을까? 적어도 당신의 남편은 자기의 목숨이 위태로울까봐 아니면 자기 맘에 안 든다고 아내를 함부로 내버린 남편은 아니지 않는가?

아내들이여! 남편이 마음에 쏙 드는 완전한 신랑이 되길 원하는가? 그래야만 행복한 가정이 될 수 있다고 생각하는가? 그러나 그런 신랑은 세상 어디에도 없다. 완전한 신랑은 내 옆에서 잠자는 남편이 아니라, 바로 내 맘속에 계신 '신랑 되신 예수님' 뿐이다. 내 마음이 예수님을 모시고 행복으로 가득 차면, 틀림없이 남편의 태도와 신앙도 바뀌게 된다.

행복한 가정을 이루는 조건은 남편에게만 있는 것이 아니다. 그것은 바로 내 마음속에서부터 시작한다. 남편에 대해 불만불평이 생길 때마다 그 불평의 시간을 감사로 바꾸어보자! 천지를 만드신 능력의 하나님이 아니신가! 죽은 나사로도 살리신 능력의 예수님이 아니신가! 항상 나를 인도하시고 축복하시는 성령님이 아니신가! 나를 천국으로 인도하실 그 크신 주님을 믿을진대, 정말 작은 벌레 같고 지렁이 같은(이사야 41:14) 내 남편을 변화시켜 주실 힘이 없단 말인가?

"주님은 제 힘으로 바꿀 수 없는 남편을 변화시켜 주실 능력의 하나님이심을 믿습니다!"

이렇게 확실히 믿고 감사를 드려보자. 이런 기도를 들으시는 하나님은 급하게 그 기도에 응답해주신다. 해보자! 하면 된다! 할 수 있다! 감사해보자! 기도하면 된다! 우리 가정도 행복할 수 있다!

어느 날 나는 남편과 다투고는 실망하고 지쳐서 기도하고 있었다.

"주님, 내 남편은 어쩌면 저렇게도 제 속을 썩입니까? 언제나 저 사람을 완전한 남편으로 만들어주시렵

니까?"

그때 주님의 목소리가 들려왔다.

"네가 어디서 완전한 신랑감을 찾느냐? 세상에서 완전한 남편은 바로 나, 예수그리스도뿐인 것을 깨닫지 못하느냐?"

그렇다! 믿음의 조상인 아브라함도 완전한 남편이 못되었고, 하나님이 손으로 직접 빚으신 아담도 완전한 남편이 못되었다. 이 세상에 완전한 남편은 오직 예수님뿐이니, 그분을 우리 가정의 신랑으로 모시고 세 겹줄로 단단히 묶어 아름다운 가정을 만들어나가자. 완전하신 신랑 되신 예수님을 당신 가정의 남편으로 모신 것을 축하드린다.

"지렁이 같은 너 야곱아, 너희 이스라엘 사람들아 두려워 말라. 나 여호와가 말하노니 내가 너를 도울 것이라. 네 구속자는 이스라엘의 거룩한 자니라."(이사야 41:14)

13. 맹자의 가정과 롯의 가정

"우리 아이가 컴퓨터에 빠져서 헤어 나올 줄을 몰라요!"

"우리 아이를 좀 도와주세요."

이것은 요즘 자녀를 키우는 부모들이 흔히 하는 하소연이다. 아이든 어른이든 컴퓨터 게임에 빠지기 시작하면 그것을 끊게 하기란 쉬운 일이 아니다. 이렇게 다루기 힘든 자녀를 양육하는 부모는 두 가지 행동을 보인다. 첫째, 아이를 볼 때마다 심하게 잔소리를 한다. 둘째, '나는 자녀교육에 실패한 부모'라는 죄책감에 빠져

아예 자녀를 포기한다. 물론 우리는 두 가지 방법 모두 옳지 않다는 것을 알고 있다.

우리나라는 컴퓨터와 휴대전화가 매우 발달한 나라 중 하나이다. 덕분에 나도 신기한 휴대전화를 갖고 다닌다. 그러나 미국에서 지냈던 22년 동안은 휴대전화를 사용하지 못했을 뿐 아니라, 주변에서도 휴대전화를 들고 다니는 사람을 별로 보지 못했다. 미국은 선진국이지만 휴대전화와 인터넷 문화에 무척 늦은 편이며, 아직도 인터넷을 설치하지 않은 가정도 많다. 그렇다고 그들이 문명의 혜택을 거부하는 것은 아니고 그것이 자녀에게 미치는 영향을 알고 일부러 멀리하는 것이다.

매스컴과 인터넷이 발달한 문명사회는 우리 생활에 편리함과 커다란 도움을 준다. 문제는 사탄의 세력 역시 이러한 문명의 이기를 함께 누린다는 점이다. 그들은 그런 것을 통해 우리의 영혼과 우리 아이들의 영혼을 갉아먹고 있다. 그러므로 우리는 정신을 똑바로 차려야 한다. 세상의 풍조라고 해서 좋은 것이 아님을 알면서도 함께 밀려다니면 안 된다. 이 악한 시대에 아이를 지켜야 할 사명은 부모에게 있다. 물론 부모는 몸과 마음 그리고 물질을 다해 아이들을 정성으로 돌본다. 그러나 시간과 공간을 넘어 그들을 24시간 내내 지켜낼 수 있는 방법은 없다. 어떻게 해야만 악한 영들의 영향에서 아이들을 평생 지킬 수 있을까? 이 문제는 큰 숙제가 아닐 수 없다.

"요즘 부모 말 듣는 자식이 어디 있어?"
"이 정도면 됐지 뭐!"
"내가 하나님 일을 열심히 하고 있으니까 우리 애들은 하나님이 알아서 키워주실 거야!"

우리가 흔히 주고받는 이런 말들은 믿음에서 나온 말이 아니다. 부모는 하나님께 지혜를 구해 아이들의 평생을 하나님 앞에 세우는 일에 힘써야 한다. 부모에게 이에 대한 지혜와 신념, 성경 지식이 있다면 이 악한 시대에도 아이를 지켜내는 데 틀림없이 성공할 수 있을 것이다. 이것은 결코 어려운 일이 아니며, 부모의 작은 노력으로 충분히 가능한 일이다.

아이들이 하루 종일 무엇을 보고 듣느냐는 그들의 인생을 성공과 실패로 이끄는 중요한 문제이다. 그러므로 특히 어린 자녀가 있는 부모는 아이에게 좋은 환경을 제공할 의무와 책임이 있다. "믿음은 들음에서 난다"는 성경 말씀처럼 눈에 보이고 귀에 들려오는 것이 어느덧 내 의지와 상관없이 내 마음속에서 믿음으로 자리 잡아 실상이 된다.

우리는 맹자 어머니의 이야기를 잘 알고 있다. 남편을 일찍 여읜 가난한 맹자 어머니가 맹자와 함께 살았던 곳은 공동묘지 근처였다. 그런데 동네에 놀 만한 벗이 없던 맹자는 매일 공동묘지를 돌며 장례를 행하는 사람을 보게 된다. 어느 날부터 맹자는 그들을 따라 곡(哭)을 하는 등 장사 지내는 놀이를 하며 놀았다.

이 광경을 목격한 맹자의 어머니는 아들 교육에 도움이 되지 않음을 알고 이사를 했는데, 가난한 그녀는 시장 근처에 방을 구하였다. 그랬더니 이번에는 맹자가 시장에서 물건을 사고파는 장사꾼들의 흉내를 내며 노는 것이었다. 남달리 교육열이 깊은 맹자의 어머니는 "이곳도 아이와 함께 살 곳이 아니구나" 하며 이사를 결심했고, 이번에는 글방 근처로 집을 옮겼다. 그곳에서 맹자가 글방을 오고가는 사람들을 보며 예절을 배우고 글공부도 흉내 내자, 맹자 어머니는 "이곳이야말로 아들과 함께 살 만한 곳이구나" 하고 그곳에 머물러 살았다고 한다.

남편도 없이 이리저리 이사하는 것은 결코 쉬운 일이 아니다. 그냥 팔자려니 하고 한곳에 눌러 살아도 그만이지만, 맹자의 어머니는 자식을 사랑하는 마음으로 고생을 택했고 그 뜻을 받들어 맹자는 뛰어난 학자가 되었다. 결국 맹자 어머니는 고금의 현모양처요, 자녀교육에 성공한 사례로 오늘날까지 그 이야기가 전해지고 있지 않은가?

성경에도 자녀교육에 성공한 부모와 실패한 부모의 예가 나와 있으며, 그것은 우리의 자녀교육에 큰 도움을 주고 있다. 그러면 먼저 자녀교육에 실패한 롯의 이야기를 살펴보자.

창세기 19장에는 아브라함의 조카 롯의 가정에 대한 이야기가 자세히 나와 있다. 아브라함과 롯은 서로의 재산이 크게 늘어나고 가축을 돌보는 종들이 서로 싸워대자, 더 이상 함께 살 수 없음을 알고 따로따로 이사를 간다. 아브라함은 사랑하는 조카 롯에게 먼저 좋은 땅을 고르라고 한다. 롯은 눈에 보기 좋고 물이 넉넉한 소알 땅의 소돔과 고모라로 장막을 옮기고, 아브라함은 롯이 정한 장소와 반대쪽으로 이사해 자리를 잡는다. 그런데 롯이 정한 땅의 사람들은 하나님을 모르고 죄악이 가득한 삶을 살고 있었기에, 하나님은 롯이 살고 있는 소돔과 고모라를 멸망시킬 결심을 하신다.

아브라함은 조카 롯의 가족을 위해 만약 열 명의 의

인이 그 성에서 살고 있다면 성을 심판하지 말 것을 하나님께 간절히 간구하지만, 의인은 조카 롯 한 명뿐이었기에 그 성의 멸망은 정해진 것이었다.

하나님이 보내신 두 천사가 소돔에 이르렀을 때, 롯은 그들을 알아보고 자기 집에 모셔 대접한다. 밤이 되자 소돔의 사람들이 몰려와 롯의 집을 에워쌌는데, 폭력적으로 문을 두드린 그들은 나이가 어린 사람부터 노인까지의 남자들이었다. 그들은 롯에게 "저녁에 네게 온 사람이 어디 있느냐? 이끌어 내라. 우리가 그들을 상관하리라"라고 무섭게 소리를 지른다. '그들을 상관하리라'는 영어로 'relations with them'으로 그 성에 들어온 두 사람을 상대로 남자들끼리 성관계를 맺겠다는 뜻으로 해석된다.

이처럼 그들은 어른 아이 할 것 없이 말로 표현할 수 없을 정도로 성적인 타락과 죄악 속에 생활하던 사람들이었다. 롯은 두 사람이 하나님의 천사임을 알았기에 그들이 다치는 것을 두려워하며 말했다.

"이 사람들에게 악을 행치 말라. 보라, 내게 남자를 가까이 아니한 두 딸이 있노라. 청컨대 내가 그들을 너희에게로 이끌어 내리니 너희 눈에 좋은 대로 행하라."

롯은 자기의 예쁜 두 딸을 몰려온 폭군에게 내주려고 한다.

여기서 심각하게 이 문제를 생각해보자. 이토록 타락한 사람들이 살고 있는 그 성에서 롯은 왜 빨리 빠져나오지 않고 그냥 눌러 살았을까? 롯의 부부는 맹자의 어머니처럼 서둘러 이사를 갔어야 했다. 롯은 천사를 알아볼 수 있는 의로운 눈을 가진 사람인데, 어떻게 그렇게 죄가 심한 소돔과 고모라 성에서 빨리 떠나지 않고 그냥 그들과 함께 살면서 딸들을 양육했을까?

성경에 보니 롯의 딸들은 약혼한 상태였으나 아직 남자를 가까이 하지 아니한 순결한 아가씨였다. 이런 아름다운 딸들을 폭군에게 내주려고 하는 롯의 마음은 더욱 이해가 가질 않는다. 아마도 그는 소돔과 고모라에서 날마다 그렇게 사는 사람들만 보았기에, 심령이 무뎌져 딸들을 귀하게 생각지 않았을지도 모른다. 천사는 롯과 그의 아내 그리고 두 딸을 급히 피신시키며 "절대로 뒤돌아보지 말라"고 말한다. 그러나 롯의 아내는 천사의 말을 저버리고 뒤를 보는 바람에 그만 소금 기둥으로 변하고 만다. 롯의 아내가 정든 소돔과 고모라를 떠나기 싫어 돌아보았는지 아니면 무심결에 그 성이 어떻게 멸망하는가를 보고 싶어 돌아보았는지에 대해서는 자세히 기록되어 있지 않지만, 그녀의 소금 기둥은 오늘날까지 전설로 내려오고 있다.

문제는 지금부터이다. 구원을 받은 롯과 두 딸은 급하게 피신해 겨우 해를 면한다. 두려움에 떨던 이들은 산으로 도망쳐 굴속에서 지낸다. 그러나 하나님의 심판하심을 눈으로 보고 경험한 두 딸이지만, 그들은 무엇이 죄이고 아닌지 아직 구별하지 못한다. 왜냐하면 자신들이 소돔과 고모라에서 자랄 때, 그들의 눈에 보였던 것은 아무하고나 성생활을 하는 사람들의 모습이었기 때문이다. 소돔과 고모라를 향해 뒤를 돌아본 어머니나 타락한 도시임을 알고도 이사 가지 않은 아버지 롯이 딸들에게 올바른 성교육을 시켰으리라 생각되지 않는다. 그러므로 롯의 가정은 자녀교육에 실패한 성경의 대표적 인물이다.

결국 소돔과 고모라에서 볼 것, 못 볼 것을 모두 보고 자란 롯의 두 딸은 아버지에게 술을 먹이고 동침해 자녀를 얻는다. 그러나 그렇게 태어난 그들의 후손은 누구인가? 성경 역사를 통해 보면, 그들의 후손은 하나님의 축복을 받지 못하고 대대로 이스라엘을 괴롭히는 암몬과 모압 족속이며 오늘날까지도 미개한 족속으로 남아 있다.

롯의 가정 이야기가 우리에게 주는 교훈은 무엇인가? 우리 아이들의 눈에 비치는 어른들의 모습은 어떠한가? 주위 환경은 어떠한가? 혹시 술집이나 유흥시설이 많이 있지는 않은가? 주위 환경이 아이들에게 좋지 않은 영향을 미칠 것이라는 생각이 들면, 더 이상 어리석게 주저앉아 있으면 안 된다.

또한 집안은 어떠한가? 한번 둘러보자. 컴퓨터와 텔레비전은 문명사회의 필수 기구이지만, 아이들에게 좋은 것보다 타락한 문화를 더 많이 보여주는 매개체임도 잊어서는 안 된다. 그러므로 그러한 기구를 지혜롭게 사용하도록 어려서부터 확실히 지도해야 한다. 힘들더라도 부모는 아이들을 위해 맹자 어머니처럼 과감히 일어나 행동으로 옮겨야 한다. 아이들은 좋은 것을 볼 수 있고, 좋은 소리가 들리는 곳에서 자라나야 한다. 롯의 자식이 아닌, 맹자 어머니처럼 자식을 키워내자. 내게 부족한 것이 있다면 지혜가 많으시고 후히 주시고 꾸짖지 않는 하나님께 도움을 구하자.

14. 유혹을 이길 수 있을까?
- 다윗, 솔로몬, 욥과 요셉

 어느 신앙 좋은 교인이 만원버스에 앉아 있는데 잘 가던 버스가 급정거를 하였다. 그 바람에 어느 못생긴 아줌마가 몸을 주체하지 못하고 그의 무릎에 털썩 주저앉았다. 그때 그는 "사탄아, 물러가라!"라고 하며 여자를 밀어냈다. 한참 가다가 버스는 또 다시 급정거를 했고 이번에는 예쁜 젊은 여자가 무릎에 앉았다. 그런데 그때 그는 젊은 여자를 힐끗 보더니 "주여! 뜻대로 하옵소서!"라고 말하더란다.

"내가 하는 연애는 로맨스이고, 남이 하는 연애는 불륜"이란 말은 "사촌이 땅을 사면 배가 아프다"는 옛말과 비슷한 뜻을 담고 있다.

주기도문에는 "우리를 시험에 들게 하지 마옵시고"라는 말씀이 들어 있다. 이는 영어로 "Let us not into temptation!"이며, 보다 정확히 해석한다면 "우리를 성적인 유혹에 빠지지 말게 하옵시며"로 보아야 한다. 유혹! 이 세상에 성적인 유혹을 이겨낼 수 있는 장사는 그리 많지 않은 것 같다.

황진이는 조선시대의 유명한 기생이다. 그녀는 얼굴도 예쁘고 예술성도 뛰어났기 때문에 동네의 모든 양반이 그녀에게 마음을 빼앗겼다. 당시 천마산의 지족암에는 지족도사가 있었는데, 그의 이름이 '지족(至足)'인 것은 족할 지경까지 도를 닦은 스님이라는 뜻이었다. 황진이는 그가 닦은 도가 진짜인지 가짜인지 확인하고 싶어 그를 찾아가 유혹한다. 지족도사는 수년에 걸쳐 높고 깊은 도를 닦았지만, 황진이의 옷이 흘러내리고 예쁜 알몸이 드러나자 그만 성욕을 이기지 못하고 유혹에 넘어간다. 결국 그는 오랜 산속 생활을 버리고 파계했다는 기록이 역사책에 실려 있다.

그 다음으로 황진이는 유학자 서경덕을 찾아가 지족도사에게 했던 것처럼 그를 유혹했다. 그러나 한 시간도 안 되어 무너진 지족도사와 달리 서경덕은 황진이가 오랫동안 곁에 머물며 유혹을 해도 눈 하나 깜짝 하지 않았다. 황진이는 스스로 부끄러움을 느끼며 서경덕을 평생 스승으로 섬겼다고 한다.

서경덕은 아마도 여성관에 대한 신념과 성에 대한 철학이 뚜렷했던 분이었을 것이다. 반면 지족도사는 기도도 많이 하고 도를 깊이 닦았으나 성과 유혹이라는 개념에는 아무런 철학이 없던 탓에 그토록 쉽게 무너졌을 것이다. 기독교인도 마찬가지다. 아무리 성경 지식이 많고 기도를 많이 했을지라도, 죄에 대해 확실한 개념을 세우지 않으면 유혹에 빠지기 쉽다. 실제로 우리는 이성의 유혹을 이겨내지 못해 예수님과 교회를 멍들게 하는 사건을 종종 보게 된다.

1517년 종교개혁을 시작한 마틴 루터는 "우리는 새가 머리 위를 날아다니는 것을 막을 길이 없다. 그러나 그 새가 내 머리 위에 둥지를 틀고 알을 까려 한다면, 우리는 그것을 얼마든지 쫓아낼 수 있다"라는 유명한 말을 남겼다. 이 말은 "죄 되고 유혹적인 생각이 우리 뇌리를 시시때때로 스치는 것을 우리의 힘으로 막을 수는 없지만, 그 생각이 우리 마음에 둥지를 틀고 하나씩 계획을 세우는 것은 얼마든지 막을 수 있다"는 뜻이다.

유혹에는 장사가 없다. 구약성경 사무엘 하 11장에 보면 한때 용맹스럽고 훌륭한 사람이요, 하나님만을 사랑하던 다윗이 유혹에 빠지는 사건이 나온다. 그의 충신 우리아는 다윗 왕에게 충성을 다하고자 전쟁터에 나가 목숨을 돌보지 않고 싸우고 있었다. 성경은 새봄이 되었으므로 왕들도 전쟁에 참여해야 했다고 기록하고 있다. 그러나 다윗은 전쟁터에 가지 않고 혼자서 한가한 시간을 보내고 있었다.

어두워져가는 어느 봄날 저녁, 우리아의 아내 밧세바는 다윗 왕이 볼 수 있는 장소에서 목욕을 했다. 그녀는 전쟁터에 나가 오랫동안 돌아오지 않는 남편을 기다리다, 시시때때로 지붕 위를 거니는 왕궁의 멋진 다윗 왕에게 마음을 빼앗겼을지도 모른다. 그녀의 아름다운 알몸을 보게 된 다윗은 신하에게 그녀가 누구인가를 물었다. 그런데 그녀는 유부녀요, 더구나 자신의 충신 우리아의 아내가 아닌가! 그러나 눈으로 자극을 받고 정욕을 참지 못한 다윗 왕은 그녀를 침실로 불러들였다.

어쩌다 사고로 궁 옆에 살고 있는 충신 부하의 아내가 목욕하는 알몸을 볼 수는 있다. 이는 루터가 말한 대로 머리 위를 날아다니는 새를 어찌할 수 없는 경우와 같다. 그러나 다윗이 그녀가 누군가를 묻고 계획을 세워

침실로 불러들이는 모든 과정은 내 머리에 새가 날아 앉아 둥지를 틀고 있는데도 쫓지 않고 가만히 내 버려두는 것과 같은 이치이다.

다윗의 이 죄로 인해 집안의 비참한 역사가 시작된다. 다윗은 그녀가 임신한 것을 알고 그 남편 우리아를 전쟁터에서 불러들인다. 그날 밤 다윗은 우리아가 밧세바에게로 가서 잠을 자길 바랐다. 밧세바가 잉태한 아기가 우리아의 아기라는 것을 꾸며대고 싶었던 것이다. 그러나 우리아는 이스라엘의 언약궤가 진 밖에 있으며, 부하들이 지금도 전쟁터에서 생과 사를 오가며 나라를 지키고 있음을 기억하고 아내에게로 가지 않는다. 다윗 왕이 두 번을 시도해보지만 나라와 부하를 위한 굳은 마음의 우리아를 어쩔 수 없었다. 당황한 다윗은 전쟁터로 비밀편지를 보내 충신 우리아를 적군의 칼에 죽게 하는 큰 죄를 저지르게 된다.

크게 진노하신 하나님은 나단 선지자를 통해 "칼이

네 집에서 영원히 떠나지 아니하리라"(사무엘 하 12:10)고 다윗에게 무서운 심판을 하시는데, 그 말씀은 그대로 다윗 당대에 나타났다. 실수는 잠시였지만 그 죄에 대한 대가는 너무나 엄청난 것이었다. 진심으로 회개하는 다윗을 하나님은 용서를 하시지만, 그 죄의 결과로 큰 슬픔을 맞게 되며 또한 여러 명의 아내를 둔 다윗의 가정은 그야말로 아수라장이 되고 만다.

여기서 잠시 의로운 고난을 당한 욥의 가정을 들여다 보자. 욥기 1장에서 욥은 자녀들이 혹시나 죄를 지었을까 하여 시시때때로 불러다 놓고 하나님 앞에서 예배를 드리며 훈계를 한다.

"욥이 자녀들을 불러다 성결케 하되… 혹시 내 아들들이 죄를 범하여 마음으로 하나님을 배반하였을까 함이라."

우리는 하나님 앞에서 자녀교육을 철저히 하는 욥의 모습을 본받아야 한다.

욥은 영적으로도 하나님 앞에서 순결한 사람이었지만, 육체적으로도 자신이 얼마나 깨끗한 사람인가를 고백하고 있다. "내가 내 눈과 언약을 세웠나니, 어찌 처녀에게 주목하랴.", "언제 내 마음이 여인에게 유혹되어 이웃의 문을 엿보다 기다렸던가?"(욥기 31장) 욥의 여성관은 언제나 확실했고 자신의 신념을 자녀들에게도 충분히 가르쳤을 것이다. 당대의 모든 거부는 많은 아내를 거느리고 있었지만, 성경은 고난을 참아내는 욥에게 "하나님을 욕하고 죽으라!"고 저주했던 아내는 단 한 명뿐임을 보여주고 있다.

안타깝게도 다윗 왕이 자녀들을 모아놓고 욥처럼 성결한 교육을 시키는 장면은 성경에 단 한 군데도 나오지 않는다. 탓에 아버지의 사상교육을 받지 못한 다윗의 자식들은 서로 강간하고, 죽이고 죽는 아픔을 보여준다(사무엘 하 13장). 나아가 아들 압살롬은 아버지를 배신하고 반란을 일으켜 왕궁을 차지하고, 다윗 왕은 아들에게 쫓겨 다니는 비참한 피난생활을 한다. 그때,

압살롬은 아버지의 첩들을 데리고 모든 사람이 보는데서 동침을 해 아버지의 위상을 땅에 떨어뜨리고(사무엘 하 16장), 끝내는 아버지를 죽이겠다고 이를 악물며 달려오다가 그의 멋진 머리가 나무에 걸려 비참한 죽음을 맞게 된다(사무엘 하 18장). 아버지의 사랑과 교육을 제대로 받지 못한 자식의 최후, 이 얼마나 슬픈 이야기인가!

아버지가 유혹을 이기지 못해 실수를 저지르면 온 집안이 쑥대밭이 되고 만다. 아버지가 거룩한 모습을 보여주지 못하고 진실한 사상을 자녀에게 전수하지 못하면, 부모자식간의 평화와 사랑은 영원히 깨져 버리고 원수가 된다는 것을 성경은 똑똑히 보여준다.

다윗과 밧세바 사이에서 태어난 아들, 즉 지혜의 왕 솔로몬의 최후 역시 무척 슬프다. 솔로본은 다윗의 뒤를 이어 이스라엘의 뛰어난 왕이 된다. 그는 세상의 모든 왕과 여왕이 그의 놀라운 지혜에 감탄하며, 그에게 경배를 드리고자 어마어마한 예물을 가지고 앞 다투어 몰려오던 당대의 훌륭한 왕이었다. 또한 솔로몬은 하나님께 훌륭한 백향목 성전을 지어드리고 잠언과 전도서, 아가서도 집필한 뛰어난 왕이었다. 모든 백성은 솔로몬을 경배하였고 겸손했던 그는 하나님의 크신 사랑과 다른 사람에겐 없는 지혜를 얻어 태평성대를 이룬다.

그러나 열왕기 상 1장에 나타나는 솔로몬은 천 명이나 되는 후궁을 거느렸다고 적혀 있다. 그가 많은 여인과 타락한 성생활을 하기 시작하면서 그의 놀라운 지혜는 날마다 사라져갔다. 육체적으로 정결치 못한 생활을 하던 그는 결국 하나님을 버리고 우상 앞에서 절을 하게 된다. 하나님은 솔로몬에게 두 번이나 나타나셔서 타이르지만, 육체의 타락으로 이미 마음까지 타락한 솔로몬은 하나님의 말씀을 듣지 않는다. 이는 정말 믿기 힘든 장면이다. 지혜의 왕 솔로몬이 우상 앞에서 절을 하다니! 그러면 그의 최후와 그의 자녀들은 어떻게 되었을까? 나라는 열두 개로 쪼개지고 남·북으로 갈리며, 조상의 죄로 인해 후손들은 오랜 세월 나라를 잃고 노예로 이곳저곳을 끌려 다니며 고초를 겪는 신세로 전락한다. 하나님은 몇 십 년에 걸쳐 지은 솔로몬의 성전까지 허무신다.

이 사건을 단순히 옛이야기로만 치부할 수 없는 것은, 오늘날 우리 주위에도 종종 그런 일이 일어나기 때문이다. 대규모 기업체가 갑자기 기울고 어려워지는 이유는 한 아버지를 둔 배다른 형제들의 경쟁 때문인 경우가 많다. 결국 그 기업은 내리막길을 걷고 세상을 뜨는 아버지 앞에서 자식들은 슬픔의 통곡이 아닌 재산싸움의 통곡소리를 낸다. 서로 사랑을 나누며 위로하는 대신, 서로 원수로 바뀌고 마는 것을 우리 시대에도 보지 않는가?

구약 창세기 39장에는 보디발 장군의 노예로 팔린 요셉의 이야기가 나온다. 용모가 준수하고 신실한 요셉에게 보디발 장군의 아내는 계속 유혹의 손길을 뻗친다. 그는 노예 신분이었기에 자신의 의견을 주장할 수 없고 부인의 말에 순종해야만 하는 상황이었다. 그러나 그는 한 분 하나님을 두려워하며 그 유혹을 뿌리쳤다. 성적 유혹을 잘 이겨낸 요셉은 억울하게 몇 년 동안 캄캄한 감옥 속에서 생활하지만, 우리는 후에 하나님께서 그에게 한없이 복을 주심을 볼 수 있다.

아버지는 보이지 않는 하나님의 모습이다. 훌륭한 아버지는 돈을 많이 벌어다주는 분이 아니다. 가난하더라도, 돈을 못 벌더라도 하나님의 말씀을 매일 자녀에게 먹이는 아버지는 세상에서 가장 훌륭한 분이다. 이젠 아버지들이 바쁜 걸음을 잠시 멈추고 깊이 생각할 때가 되었다. 당신은 다윗보다 솔로몬보다 더 훌륭한 아버지가 될 수 있다. 더불어 당신의 자녀는 어느 나라의 왕족보다 혹은 '지혜의 왕 솔로몬' 보다 더 훌륭하게 명품으로 자랄 수 있다. 아버지 하나님 앞에 바로 서서 생각하고 행동하는 당신을 통해!

15. 엄마와 아들이 이혼하는 날

고등학교 시절, 나는 머리를 두 갈래로 따 내리고 단정한 교복차림으로 학교에 다녔다. 어쩌다 동네에서 어머니 친구나 동네 아주머니를 만나면 "넌 젊어서 좋겠다! 젊기만 해도 저렇게 예쁜데!"라는 말을 자주 들었던 기억이 난다. 이제 나도 그들 연배가 되어서 그런지 수다스럽게도 생전 처음 보는 아가씨들에게 곧잘 말을 건넨다. "정말 예쁘다!" 하고 칭찬하면, 그들은 처음 보는 사람의 뜬금없는 칭찬에 "아니, 저... 별론데요 뭘!" 하고 겸연쩍게 반응한다. 그럼 나는 내가 어려서

들은 말 그대로 "아냐, 젊은 것만으로도 정말 예뻐요!" 라고 대답해준다. 그들은 혹시 자신의 외모에 콤플렉스가 있을지도 모르지만, 내 눈에는 젊음 그 자체만으로도 예쁘고 싱그럽게 보인다.

이제 나도 아들을 장가보내야 할 나이가 되고 보니, 교회에서 젊은 자매들이 오가면 유심히 보게 된다. 어쩌다 평안한 얼굴에 용모가 단정한 자매를 만나면 '정말 예쁘다! 내 며느리도 저렇게 예쁘고 참하게 생겼으면 참 좋겠다!' 라고 생각하며, 그 아가씨와 아들이 함께 걸어가는 모습을 혼자 상상해보곤 한다. 마치 아들을 떠나보낼 준비를 하듯 나는 그런 상상을 하면서 마음의 훈련을 한다.

나는 아들 둘을 미국에서 낳아 고등학교까지 공부시킨 후 함께 한국으로 귀국했다. 내가 살던 동네는 학교가 멀고 버스나 지하철이 없었기 때문에 남편이나 내가 아침저녁으로 아이들을 학교로 데려가고 데려오는 수

고를 했다. 어딜 가든 아이들은 항상 우리와 함께 차를 타고 다녔고, 좋은 이야기를 나누며 친구처럼 지냈다. 아이들과 함께 신앙 이야기나 삶에 대해 깊은 이야기를 많이 나눴던 것이다.

어느 날 갑자기 금이야 옥이야 키운 아들이 결혼을 한다면 내 기분은 어떨까? 나에게서 시선을 거둬 온통 예쁜 아내만 바라보는 아들을 상상하니 좀 섭섭해진다. 신혼살림을 차린 아들은 서로를 알아가기에 바빠 문 밖의 엄마는 잊고 지낼 수도 있다. 나는 상상으로 '그래도 섭섭해 하지 말아야지'라고 스스로를 교육하며 마음의 준비를 해본다.

힘들었던 미국 유학시절, 함께 고통을 나누고 위로하며 가까워진 친구이자 인생의 선배가 있다. 지금노 우리는 만나기만 하면 신앙 이야기와 아이들 이야기로 시간가는 줄 모른다. 그녀는 종종 홀시어머니에게 받았던 평생 아물지 못할 상처와 자신이 이혼할 수밖에 없었던 슬픈 사연을 들려주며 눈물을 흘리곤 했다.

그녀의 아버지는 이북이 고향으로 1.4후퇴 때 빈손으로 부산에 내려와 은행장이 되는 성공적인 삶을 살았다. 다행이 신앙이 독실한 아내를 맞이한 그녀의 아버지는 여섯 명의 자녀를 훌륭히 키워냈고 큰 교회의 장로님이 되었다. 특히 막내딸을 사랑한 그는 먹고살기도 힘든 1960년대에 아직 우리나라에 별로 알려지지도 않은 피아노를 배우게 하셨다. 그 귀여운 막내딸이 성장해 결혼할 나이가 되었을 즈음, 그는 고향친구의 모임에 참석했다가 젊은 시절에 짝사랑을 했던 여인을 만나게 되었다.

부잣집 딸로 태어나 신식교육을 받은 그녀의 남편은 육군 장교였는데 6.25 때 불행하게도 아내와 어린 아들을 두고 세상을 떠나고 말았다. 스물아홉 살의 젊은 나이에 청산과부가 된 그녀는 아들을 키우며 시할머니까지 모시고 살고 있었다. 어려서는 가까이 못할 부잣

집 딸이었지만 이젠 남편도 재산도 없이 나이든 과부가 되었고, 그 아들은 변변한 직장도 없는 데다 병든 시할머니까지 있었던 것이다. 이런 집에 어느 누가 자신의 귀한 딸을 시집보내겠는가? 그러나 옛날의 감정이 아직 남아 있던 친구의 아버지에게 그런 악조건은 아무런 방해가 되지 않았다. 결국 귀여운 막내딸을 짝사랑하던 여인의 며느리로 보낸 후 아버지는 무척 기뻐하셨다.

그런데 이 일을 어쩌랴! 그녀의 외아들은 독립심이 전혀 없고 사회성도 모자라 직장생활을 할 수 없는 위인이었다. 결혼 후, 신랑은 한번도 일하러 밖에 나가지 않았으므로 살림살이를 위한 돈은 계속 친정아버지가 대주셨다. 시간이 갈수록 시집살이는 도를 넘어섰다. 시어머니는 며느리의 음악 실력과 자신의 것을 비교하며 시기하였고 옷맵시를 질투하며 아들과 함께 있는 꼴을 보지 못했다. 더욱 참기 힘들었던 것은 말끝마다 자신이 끔찍이 사랑하는 친정어머니를 흉보는 시어머니의 폭언과 그에 뒤이은 남편의 폭행이었다.

감리교 감독인 목사 딸로 자란 그녀의 친정어머니는 그야말로 천사였다. 그런 어머니를 매일 비난하는 말을 듣는 것은 정말 괴로웠다. "네 어미는 찢어지게 가난한 목사 집 딸이었는데, 신랑 잘 만나 복이 터졌구나.", "네 어미는 옛날엔 얼마나 못생겼는데, 그 얼굴이 지금은 양반됐더구나.", "너는 반찬 솜씨가 이렇게도 없니? 네 어미는 대체 네게 무얼 가르쳤니, 응?"

시집살이 8년을 참아낸 그녀는 결국 두 아이를 업고 안고 친정에 와서 울음을 터트리고 말았다. 아버지는 한숨을 쉬며 눈물로 딸의 이혼을 허락하셨고, 그 모든 것이 아버지의 죄이자 실수라고 말했다. 물론 당시의 한국 가정에서 이혼은 보기 드문 일이었다. 시집 식구를 버리고 떠나가는 며느리에게, 시어머니와 남편은 그녀의 가슴에 못을 박아댔다. "네 이년! 앞으로 절대로 네 자식을 볼 생각마라! 내 눈에 흙이 들어가기 전에는 절대로 네 자식을 볼 생각마라!"

이 모든 비극의 대가로 친정아버지는 가여운 딸에게 10년간의 미국 유학을 약속했고, 미국으로 건너온 그녀는 밤마다 아이들 생각으로 눈물지으며 공부하였다. 시어머니와 남편은 어린 아이들에게 "네 어미는 다른 남자와 바람나서 도망가 버렸으니, 다신 찾을 생각마라!"라고 꾸민 말을 시시때때로 들려주었으나, 엄마를 본받아 신앙이 돈독했던 아이들은 다행히 아빠와 할머니의 행동을 보며 엄마가 떠날 수밖에 없었던 이유를 이해했는지 곧게 자라났다.

몇 년 전, 그녀는 한국으로 귀국해 교수생활을 하고 있다. 그리고 아이들은 엄마가 미국에서 날마다 그들을 위해 눈물로 기도하며 열심히 공부해서 명문대학의 박사학위를 받은 분임을 알고 엄마를 한층 사랑하고 존경하게 되었다. 이제 아들은 곧 신학 공부를 마치고 목사님이 될 것이고, 딸은 공군사관학교를 졸업한 멋진 장교가 되어 엄마 앞에 나타났다.

아들만 있는 내게 그녀는 간혹 이런 말을 해준다.

"시어머니가 될 사람들은 모두 이 말을 귀에 못이 박이도록 들어야 해. 아들이 장가들어 색시를 맞이하는 날은 곧 엄마와 아들이 이혼하는 날이야!"

이제 곧 나도 시어머니가 될 터인데, 어떻게 하면 며느리와 내 사이가 지금의 아들과 내 관계보다 더 깊은 사랑을 나누는 사이로 영원히 지낼 수 있을까?

16. 우리 집엔 며느리 없어요!

"고부간의 갈등은 성령님도 어떻게 할 수가 없어요."

어느 목사님의 이 말처럼 신앙이 있는 가정이든 없는 가정이든 고부갈등은 해결하기 힘든 문제로 보인다. 현재 우리나라의 경제수준과 교육수준, 문화 등은 반만년 역사의 그 어느 때보다 높아졌지만, 고부갈등은 반대로 날로 심각해지는 것 같다. 수천 년을 내려오면서도 변하지 않는 시어머니와 며느리의 갈등! 정말 해결할 방법이 없을까?

'시어머니와 며느리' 사이는 왜 옛날부터 그렇게 불편한 것일까? 어찌 보면 두 사람은 같은 여자의 입장이므로 아내 역할을 하면서 느끼는 어려움과 서러움을 함께 공감할 수 있을 것 같은데 말이다. 사실 두 사람은 아이 낳고 키우면서 맞이하는 고통도 비슷하기 때문에 서로 많은 것을 나누고 위로해야 할 관계가 아닌가 싶다. 그런데도 현실은 그렇지 못한 경우가 많다.

영어에는 '며느리'라는 말이 따로 없다. 그냥 '딸'이라고 부른다. 딸은 'daughter'인데, '며느리'는 영어로 'daughter-in-law'로 이를 해석하면 '법 안에서의 내 딸'이다. 시어머니도 'mother-in-law'로 '법이 나에게 허락한 또 하나의 어머니'로 해석해야 한다. 고부간의 호칭이 '딸과 엄마'라서 그런지 아니면 한국의 어머니들과 달리 아들과 며느리에게 아예 기대를 하지 않아서인지 모르지만, 미국의 시어머니와 며느리는 한국이나 다른 동양권에서 나타나는 고부갈등을 거의 겪지 않는다.

우리가 인디애나(Indiana)주의 훼트웨인(FortWayne) 이라는 작은 동네에서 공부할 때의 일이다. 우리 가족은 제롤드 니콜스(Jerrold Nichols)라는 미국 목사님과 친하게 지냈는데, 어느 날 저녁 초대를 받고 그 가정을 방문한 우리는 이상한 장면을 목격했다. 그 시간은 분명 저녁식사 시간이었고 니콜스(Mrs. Nichols) 사모님은 손님을 접대하기 위해 혼자 부엌에서 바쁘게 움직이셨다. 그런데 오랜만에 시어머니 집을 방문한 그 집 며느리는 소파에 앉아 자기 남편과 함께 텔레비전을 보며 깔깔거리고 있는 것이 아닌가? 그 옆에는 아직 시집가지 않은 목사님의 친딸도 있었다. 나는 그 철없는 며느리의 태도에 적지 않은 충격을 받았기 때문에 25년이 지난 지금도 그 장면이 생생하게 떠오른다.

나는 부엌으로 가서 사모님께 "아니, 며느리가 왜 시어머니를 도와주지 않고 텔레비전을 보고 있나요?"라고 물었다. 그런데 니콜스 사모님은 오히려 내 질문에 의아한 얼굴로 "그녀는 내 딸인데 우리 집에 놀러 와서

편히 지내다 가야지 왜 부엌에서 일을 해요?"라고 말해 나를 깜짝 놀라게 했다. 그 사모님은 자기 집에 놀러온 며느리가 아들과 함께 텔레비전을 보며 즐거운 시간을 보내는 것은 당연한 일이라고 생각했다.

우리는 지난 수천 년 동안 체면문화에 젖어 살고 있다. 쌀이 없어 밥을 못 먹어도 체면 때문에 떡 방아 찧는 소리를 이웃에게 들리도록 해야 하기에 '방아타령'이 나왔다. 배가 고파도 배부른 척하며 이쑤시개로 이빨을 쑤시라는 말이 있듯, 체면 위주의 삶을 살다보니 우리는 나보다 조금 못 배우고 낮은 사람을 무시하는 나쁜 민족성을 갖게 되었다.

우리나라 정치인의 구호는 '선진 대한!'이다. 그러나 국민소득이 아무리 높아지고 집집마다 자가용이 2~3대씩 있어도 그것만으로는 선진국이라고 할 수 없다. 선진국 소리를 들으려면 먼저 우리의 사고와 인격이 바뀌어야 한다. 우리의 가정과 개개인이 서로를 인격적으로 대하지 않는다면 이 문제는 결코 해결될 수 없다는 말이다.

우리는 한 사람 한 사람을 귀하게 여겨야 한다. 사람의 영혼과 형상은 하나님의 모습을 닮았기에, 우리는 만나는 모든 사람을 하나님을 대하듯 진심으로 그리고 인격적으로 대해 주어야 한다. 이런 태도는 기독교인 가정에서 먼저 흘러나와야 세상 사람들이 그것을 보고 배울 수 있다. "저들의 가정은 어떻게 저토록 행복할 수 있을까? 그 비결이 무엇이기에 저토록 시어머니와 며느리 사이에 사랑이 넘칠까?" 이런 모습을 보여주어야 할 의무가 있다. 그렇게 된다면 그들에게 예수님을 전도하기란 얼마나 쉬운 일일까?

옛말에 "여자는 어려서는 부모를 의지하고, 결혼해선 남편을 의지하고, 노년에는 자식을 의지하며 산다"고 한다. 그래서인지 어머니들은 나이가 들수록 남편보다 아들을 더 의지하고 싶어 한다. 많은 정성을 쏟아 키운 아들일수록 그 어머니의 맘에 드는 며느릿감을 찾기란 쉬운 일이 아닐 것이다. 마찬가지로 그 집안에 귀한 딸일수록 부모의 맘에 드는 사윗감을 찾기 또한 어렵다.

정성껏 키운 아들이 사랑에 빠져 있는 것을 보면 어머니의 마음에는 자신도 모르는 사이에 질투심이 솟구칠지도 모른다. "내가 어떻게 키운 자식인데 며느리에게 통째로 빼앗긴단 말인가?" 시어머니 눈에 며느리가 딸이 아닌, 여자로 보이는 순간부터 심각한 전쟁이 시작된다.

결혼 후 어느 정도 시간이 지나면 자연히 사랑의 감정은 엷어지기 때문에 남편은 아내의 말보다 자기 어머니의 말에 더 귀를 기울이게 된다. 어머니와는 오랜 세월을 함께 지낸 모자지간이라 아들은 어머니의 눈빛만 보아도 그 마음이 어떤 상태인지 잘 안다. 그러나 아내와 함께 산 기간은 얼마 되지 않기에 여자의 미묘한 생리적이고 심리적인 문제에 대해 별로 지식이 없는 남편의 입장에서는, 아내의 말보다 어머니의 말을 이해하고 받아들이는 것이 훨씬 쉽고 자연스럽다. 그러나 아들은 어머니와 아내, 이 두 여인들 사이에서 어머니의 맘도 헤아려야 하고 갓 시집온 아내의 마음도 헤아리며 지혜롭게 행동하고 말해야 한다.

어머니는 평생 아들을 뜨거운 가슴으로 사랑하며 안아준다. 아들이 병들어 아플 때면 자신이 더 아파하고, 아들이 어려운 일에 처할 때면 발을 동동 구르며 하나님께 눈물로 기도한다. 세상 누구보다 아들을 존귀하게 생각하는 어머니, 그래서 아들에게 온 정성과 희망을 거는 어머니는 아들이 아내를 얻었다고 해서 그 애틋한 마음이 달라지지 않는다. 마음이 그러니 아들이 아침밥을 제대로 얻어먹었는지, 아내와 무슨 얘기를 했는지, 며느리가 시어머니를 어떻게 생각하고 있는지 등 궁금한 것도 간섭하고 싶은 것도 많다.

아들에게 무슨 일이 있는지 궁금해 하시는 것은 예나

지금이나 똑같은 어머니의 마음이다. 환갑을 넘은 아들에게도 여든 살의 노모는 늘 "애야, 차 조심해라! 배고프지 않게 잘 먹고 다녀라! 오늘 점심은 무얼 먹었니?"라고 말씀하신다. 이미 한 가정의 가장이 된 아들이지만 어머니 눈에는 아직도 어머니의 보호를 받아야 할 작은 아이로 보이기 때문이다.

평생 음식을 해먹이고 옷과 신발까지 챙겨주었는데, 결혼을 하고 나니 아들이 왠지 달라진 것 같다. 더욱이 자식을 낳고 나니 어머니의 안부를 묻는 것이 뜸해지고 어머니가 안중에도 없는 것 같다. 어머니의 마음이 이렇게 섭섭해지기 시작하면 모든 문제는 며느리로부터 시작되었다고 생각하기에 이른다. 그래서 가엾은 어머니는 며느리를 향한 질투심과 미움을 키우고 며느리는 이유 없는 시어머니의 시집살이에 괴로움을 당하게 된다. 이때 며느리가 남편 앞에서 시어머니에 대한 불평을 늘어놓으면 곧 가정불화가 시작된다.

"당신은 젊은 여자가 왜 늙으신 어머니를 이해하지 못해?"

"당신 지금 우리 집을 우습게 생각하는 거지? 나를 무시하는 거지?"

남편이 이렇게 아내를 다그치면, 아내도 질세라 대답한다.

"내가 당신 보고 결혼했지, 어머니 보고 결혼한 거야? 그렇게 어머니가 소중하면 나랑 살지 말고 어머니랑 살아! 내가 나가면 되잖아!"

여기에 생각이 깊지 못한 시어머니는 불난 집에 부채질 하듯 무서운 충고를 서슴지 않는다.

"아들아! 어머니는 또 얻을 수 없지만, 여자는 많으니 저런 것 데리고 살지 말고 새로 얻어라!"

그러면 아내에 대한 사랑의 감정이 메말라 버린 아들은 "그래, 이혼하자!"라는 말을 함부로 꺼내기 시작하며, 가정의 어두운 목소리는 날마다 높아가게 된다.

아내는 남편과 결혼한 것이다. 그녀는 남편만 바라보

고 결혼해서 아이 낳아 기르며 시댁과의 갈등 속에 살아가는 어려운 위치의 여인이다. 남편은 현명하고 올바르게 판단해야 한다. 현재 어머니와 아내가 갈등 중이라면 남편의 입장은 무척 힘들고 괴로울 것이다. 이때 아내를 향한 남편의 한마디 한마디는 가정을 살리기도 하고 죽이기도 한다. 아내의 품에는 어린 자식들이 있음을 잊지 말아야 한다. 사랑스런 자식은 친엄마의 손에서 사랑과 보호를 받으며 자라나야 한다. 물론 새어머니 손에서 잘 자라나는 아이도 있지만 『콩쥐와 팥쥐』, 『신데렐라』등의 이야기는 동서양을 막론하고 역사를 통해 전해 내려오는 실제 이야기다.

지금으로부터 40여 년 전, 내 시어머니는 예수님을 영접하신 후 늦은 나이에 두 아들을 낳으셨다. 그때는 먹을 것이 풍부하지 않았던 터라 산후 몸조리도 제대로 못했다고 한다. 더욱이 섬기시는 가난한 시골 교회가 막 건축을 시작해 어머니는 건강을 돌볼 틈도 없이 새벽기도를 마치고는 내내 교회 짓는 것을 도우셨다. 그러다 몸이 약해져 마흔세 살의 젊은 나이에 주님의 품으로 가셨다. 그 후 시아버님은 지금의 새 어머님과 30년째 함께 살고 계신다.

내가 친정어머니께 전화를 드려 "내일 찾아뵐게요"라고 말씀드리면, 친정어머니는 아픈 몸으로 아침부터 음식을 해놓으시고는 몇 시간을 밖에 나와 서성거리며 기다리신다. 그런 어머니의 모습이 안쓰러워 어떤 때는 전화하지 않고 그냥 방문하기도 한다.

그런데 새 시어머님은 전화를 드려 약속을 했는데도 찾아뵈면 안 계실 때가 있다. 왜 새 시어머니는 음식을 마련하는 것은 고사하고 친정어머니처럼 기다려 주지 못할까 하고 생각해본 적도 있다. 그것이 바로 진짜 어머니와 가짜 어머니의 마음의 차이가 아닐까? 그러니 누가 뭐래도 사랑스런 아이들은 친엄마의 손에서 자라야 한다. 그러기 위해 우리는 모두 어떻게 하면 행복한 가정을 만들 수 있는지를 꾸준히 공부해야만 한다.

행복한 후손을 원한다면 시어머니들은 현명한 어머니가 되어야 한다. 세상에서 귀여운 손자들을 제일 잘 키워 줄 수 있는 사람은 오직 며느리뿐이다. 며느리는 덤으로 찾아온 하나님이 허락해주신 딸이다. 사회생활에 피곤하고 지친 아들에게 육체적·정신적 사랑을 동시에 주며 위로해줄 수 있는 사람이 며느리 말고 또 누가 있는가? 시어머니가 나이 들어 음식하기가 귀찮을 때, 아들에게 음식을 해주고 빨래도 해주며 특히 귀여운 손자들을 낳아 키워주는 고마운 여자가 며느리이다. 그러므로 며느리는 미워해야 할 미움의 대상이 아니라, 한없이 고마워해야 할 하늘이 내린 사랑스런 딸이다.

가장 눈에 잘 띄는 냉장고나 부엌에 "며느리는 하나님께서 나에게 주신 귀한 딸이다. 법이 내게 허락한 소중한 나의 딸!"이라는 글을 써놓고 매일 읽어보자. 성령의 도우심으로 마음속에 조금씩 변화가 일어날 것이고, 어느 날 며느리의 모습이 천사로 변해 다가올 것이다. 할렐루야!

이번에는 시어머니 입장에서 며느리들에게 말하고 싶다. 부모님에 대한 효도 설교를 듣고 난 후, 어떤 며느리가 내게 와서 입을 삐쭉이며 "아니, 시부모도 부모예요? 나는 오늘 처음 알았네!" 하며 빈정거렸다. 그러나 시어머니도 분명 어머니다. 늙으신 시어머니의 눈을 가엾고 불쌍한 마음으로 들여다보며 잠시 그분의 어린 시절로 돌아가 보자.

〈당신은 사랑받기 위해 태어난 사람〉이라는 복음성가처럼 남녀노소 모든 사람에게는 사랑받고 싶어 하는 본능이 있다. 그분의 시대 때는 지금처럼 먹을 것도 풍성하지 못했고 경제적으로도 어려웠다. 나아가 그때는 부모가 자녀를 어떻게 사랑해야 하는지 그 방법조차 몰랐기에, 그들이 자라날 땐 부모님께 충분한 사랑을 받지도 못했으며 좋은 교육도 많이 받지 못했다.

더욱이 자신의 남편, 즉 시아버지와의 관계가 평생 깊은 사랑으로 보낸 세월이 아니라면 더욱 불쌍한 분이다. 혹시나 남편 없이 혼자 아들을 키우셨다면 그분께는 더 큰 긍휼을 베풀어야 한다. 아들과 며느리에게서 끊임없이 사랑받고 싶어 하는 가엾은 분이 아닌가? '그래서 나와 남편에게 큰 기대를 하시고 저렇게 행동하시는구나'라고 그분의 속마음을 조금 헤아려보자. 아마도 시어머니에게 받은 마음속의 응어리가 조금씩 녹을 것이다.

며느리도 냉장고 문에 "시어머니는 하나님께서 주신 또 하나의 엄마다!"라는 표어를 붙여보자. 그리고 마음속에 어떤 기적이 일어나는지 살펴보자. 그 후 시어머니를 끌어안고 응석도 부리며 함께하는 쇼핑도 계획해보자. 시어머니는 시아버지의 흉을 보고, 며느리는 남편의 흉을 보면서 함께 웃어보자. 법이 맺어 준 엄마와 딸로서 서로를 조금씩 사랑하고 이해하려는 노력을 한다면, 가정은 행복이 넘칠 것이다. 이처럼 생각만 조금 바꾸면 오랜 역사를 줄기차게 이어 내려온 고부갈등도 성령님의 도움으로 해결할 수 있다.

세월이 지나면 아이들은 커서 엄마의 품을 떠나고, 남편은 바깥일로 더욱 바빠진다. 그러면 텅 빈 집만큼이나 어머니들의 마음은 공허해진다. 그러기에 현명한 어머니는 미래를 대비할 줄 안다. 아이들이 성장해 학교에 다니면 개인적인 시간이 늘어난다. 그 시간을 마냥 흘려보내지 말고 평소에 하고 싶었던 일을 해보자. 만약 어려서 피아노를 배우고 싶었는데 배울 기회가 없었다면, 지금이라도 늦지 않았으니 피아노 선생님을 찾아 배워보자. 등산이나 가벼운 운동도 건강에 무척 좋은 일이다. 그림이나 꽃꽂이, 혹은 봉사활동 등 주위에 할 수 있는 일은 얼마든지 있다.

나이가 들었다고 포기하지 말자. 하나님은 인간에게 무한한 능력을 주셨다. 잠자고 있는 내 뇌를 깨워 아들과 며느리만 바라보며 원망하는 시간을 멀리 쫓아내고, 자신만의 기쁘고 바쁜 시간을 만들어나가자. 그리고 누군가가 "아, 이분이 댁의 며느님이세요?"라고 물으면 이렇게 대답하자. "아뇨, 제 딸이에요. 하나님이 우리 집에 선물로 주신 귀한 딸이죠! 우리 집엔 며느리 없어요."

17. 부모를 어떻게 공경할까?

탈무드와 신명기에는 "부모를 거역하거나 업신여기는 자는 저주를 받을지라!"라는 무서운 경고의 말씀이 들어 있으며, 유대인이 몸에 착용하는 찌찌에도 '부모를 거역하는 자는 죽여라!'라는 무서운 명령의 법이 들어 있다. 십계명에도 "네 부모를 공경하라!"라는 하나님의 명령이 적혀 있다. 이것은 말 그대로 명령이다. 마음에서 우러나거나 좋아서 혹은 자진해서 행동하는 것이 아닌, 하기 싫어도 해야 하는 군대의 명령처럼 우리가 지켜야 할 하나님의 명령인 것이다. 그런데 왜 "네 자녀를 사랑하라!"라는 말씀은 십계명에 나와 있지 않고 "네 부모를 공경하라!"라는 말씀만 넣으셨을까?

신비로운 일이지만 말 못하는 동물도 자식을 귀히 여기며 사나운 짐승으로부터 목숨 걸고 어린 자식을 지킨다. 사람도 누군가로부터 배우는 것은 아니지만, 자신의 자녀에게 끝없는 사랑을 베푼다.

"너희 중에 누가 아들이 떡을 달라 하면 돌을 주며, 생선을 달라 하면 뱀을 줄 사람이 있겠느냐. 너희가 악한 자라도 좋은 것으로 자식에게 줄줄 알거든 하물며 하늘에 계신 너희 아버지께서 구하는 자에게 좋은 것으로 주시지 않겠느냐"(마 7:9-11)

이처럼 자녀 사랑은 본능적인 것이지만, 부모 사랑은 내 맘대로 잘 되지 않기에 하나님께선 이것을 율법으로 정해 놓고 우리에게 명령하고 계신다. 그러면 부모를 어떻게 공경해야 할까?

첫째, 부모님이 필요로 하는 경제적인 면을 충족시켜 드린다. 만약 늙으신 부모에게 경제적인 수입이 없다면 자식들이 그것을 부담해야 한다. 그분들이 평생 자식을 위해 수고하시고 교육하시고 애쓰신 것을 돈으로 환산한다면, 이는 계산이 나오지 않는 엄청난 금액이다. 그러므로 자녀들이 힘닿는 데까지 늙으신 부모의 경제적인 면을 책임지는 것은 당연하다.

비록 부모가 너무 가난해 나를 제대로 교육시키지 못했다 하더라도, 나를 낳아주시고 오늘날까지 지키신 것만으로도 우리는 자녀의 도리를 다하고 감사의 표시를 해야 한다. 하나님의 명령이 아닌가? 부모를 공경하면 땅에서 장수하고 축복을 주신다는 것은 하나님의 약속이다. 다른 사람도 아닌, 나를 낳으시고 키워주신 부모를 공경만 해도 복을 주신다는 것이니 이 얼마나 기쁘고 신나는 일인가?

자식에게 돈을 주는 것은 어렵지 않다. 그러나 부모님에게 돈을 드리는 일은 그리 쉬운 일이 아니다. 내 아들은 또래 친구들이 돈을 쓰는 것에 비해 무척 알뜰하며, 지갑에 돈이 없어도 내게 돈 달라는 말을 잘 하지 않는다. 그래서 나는 오며가며 아들의 지갑에 돈이 있는지를 점검하고, 아들이 말하기 전에 지갑에 돈을 채워둔다.

하지만 부모님께는 '매달 초에 용돈을 드려야지' 라는 생각을 하고 있다가도 막상 월초가 되면 그것을 잊곤 한다. 부모님을 찾아뵙고 돈을 드리면 받지 않겠다는 부모님과 옥신각신하느라 힘들다. 그래서 궁여지책으로 부모님 통장으로 자동이체를 해놓았는데, 어쩐지 부모님 얼굴을 뵙는 횟수가 날이 갈수록 줄어드는 것 같아 안타깝다.

둘째, 부모님 말씀을 경청한다. 노인이 되면 이미 뇌세포가 많이 죽은 상태라 자신이 방금 한 말과 한 일도 잊게 된다. 그래서 노인들은 보통 했던 말을 하고 또 한다. 이때 "아, 그 이야기 지난번에도 하신 말이잖아요? 도대체 몇 번이나 하세요?"라고 다그치면 안 된다. 힘들고 짜증이 나도 내게 하시는 말씀은 언제나 처음 듣는 말처럼 기쁘게 들어야 한다. 먼 과거를 한번 생각해 보자. 서너 살 무렵, 우리는 말을 배우기 시작하면서 하루 종일 엄마를 쫓아다니며 쉬지 않고 질문을 해댔을 것이다. 그때, 어머니는 귀찮아하지 않고 끝까지 대답을 해주시지 않았는가?

셋째, 부모님을 웃게 해드린다. 유대 속담에 "부모님이 웃으시면 하늘의 하나님도 웃으신다!"라는 속담이 있다. 부모님을 웃게 해드리는 것은 그리 어려운 일이 아니다. 부모님 앞에서 어린애가 되어 춤을 추거나 노래를 불러 드렸을 때 그 좋아하시는 모습을 보라! 나는 여든 살이 넘은 어머니를 만날 때마다 다 말라버린 어미니의 가슴을 더듬는다. 어머니는 그것이 좋은지 내 손이 당신 가슴에 닿을 때마다 자지러지게 웃으신다. 늙으신 부모님이 즐거워하신다면 춤이면 어떻고 노래면 어떠하리. 나는 부모님의 즐거워하는 모습은 곧 하나님의 기쁨이라고 믿는다.

넷째, 부모님이 원하시는 것을 그대로 받아들인다. 내 어머니는 교회 예배나 모임 때문에 시내에 나가면 곧잘 시장이나 백화점에 들러 옷을 사가지고 오신다. 그런데 집에 와서 다시 보면 물건이 맘에 들지 않거나 잘 맞지 않는 것도 있는 모양이다. 그러면 어머니는 그것을 차곡차곡 개켜서 옷장 속에 넣어두셨다가, 내가 가면 그것을 꺼내놓는다. 물론 그 옷의 스타일이나 사이즈가 내게 맞을 리 없다. 그래도 어머니는 "야, 네게 꼭 맞는구나. 네게 어울리는구나" 하며 건네주신다. 그러면 나는 그것을 고맙게 받아가지고 돌아와 그 옷값보다 더 비싸게 돈을 주고 고쳐 놓았다가 다음번에 엄마한테 갈 때 입고 간다. 물론 어머니는 "그래! 내 눈썰미가 어딘데? 우리 딸 예쁘네! 네게 꼭 어울릴 줄 알았어"라며 무척 기뻐하신다. 그 모습을 보며 나는 '지금 우리 하나님도 기뻐하시겠구나!' 라는 생각으로 감사를 드린다.

미국에서 교회를 섬길 때, 나는 신앙이 좋았던 한 집사님과 가깝게 지냈다. 그녀에겐 치매가 심한 시어머니가 계셨는데, 해마다 6개월 정도는 미국으로 들어와 그 집에서 함께 지냈다. 그 집사님은 스왓밑(Swap meet) 시장에서 옷가게를 했고 혼자 집에 있는 것이 심심했던 시어머니는 매일 며느리를 따라 가게에 나왔다. 그런데 아침에 가게에 나오면 항상 "나 빤스(팬티)가 필요해!" 하며 속옷 파는 집으로 가서 팬티를 서너 개씩 사왔다. 여기가 끝이 아니라 점심때가 되면 또 다시 팬티를 사 오고 조금 후에 또 다시 속옷 가게로 향하신다. 그렇게 해서 하루에 열 개도 넘는 팬티를 쌓아 놓는 통에 그 며느리는 무척 힘들어했다. 처음에는 시어머니를 아기처럼 달래도 보고 야단도 쳤지만 소용이 없었다. 며느리는 가게 일도 힘든데 어머니 때문에 더욱 스트레스가 쌓여만 갔고 남편과의 불화도 생기게 되었다.

그 일로 기도를 하던 집사님은 현명한 방법을 고안해 냈다. 시어머니가 사들인 팬티를 모아두었다가 저녁때가 되어 문을 닫기 전에 그 속옷가게에 돌려주는 방법을 떠올린 것이다. 다음 날 그녀는 속옷가게 주인에게 맛있는 음식을 대접하며 시어머니가 팬티를 사러 오면 귀찮더라도 속옷을 서너 개씩 드리라고 정중히 부탁했다. 이후 그녀는 그것 때문에 더 이상 스트레스를 받지 않았고, "어머나! 또 사오셨어요?" 하며 그냥 어린 아기의 장난을 보듯 즐기게 되었다.

안타깝게도 그 시어머니는 채 예순 살도 안 된 젊은 분이셨다. 나는 그분과 시아버지의 관계를 물어보았다. 그런데 그 시어머니는 육군 장교였던 남편에게 온갖 구박을 받았고 평생 남편 사랑을 전혀 받지 못했다고 했다. 그래서 치매가 빨리 온 것이다. 사랑은 인생의 보약이며 치매 예방의 특효약이다. 그래서 주님은 "서로 사랑하라"라고 우리를 향해 명령하고 계신다. 그 착한 며느리는 치매가 걸린 시어머니를 지극 정성으로 모셨다. 하나님은 그 며느리에게 물질적·정신적으로 큰 축복을 주셨으며, 또한 그녀의 쌍둥이 아들들에게도 복을 내리시는 것을 보았다.

우리 교회에 또 한 명의 효녀 집사님이 있었다. 게으르고 경제적 능력이 없는 남편과 이혼한 후, 그녀는 친정 부모님과 함께 살았는데 넓은 그 집의 정원에는 꽃과 나무가 많았다. 어느 날 그녀가 새 냉장고를 구입하자, 어머니는 그것을 부엌 중간에 놓기를 원하셨다. 냉장고를 구석에 세우지 않고 중간에 놓으면 다니기가 불편한데도, 어머니는 그 장소에 놓기를 우기셨다. 이때 효녀 집사님은 "그럼 불편하더라도 어머니가 원하는 대로 하세요"라며 어머니 말에 순종했다. 다른 딸 같았으면 아마 어머니에게 야단을 하며 자기가 원하는 대로 했을 것이다.

손님을 위한 음식을 할 때도 그녀는 요즘 사람들이 좋아하는 깔끔하고 특별한 음식을 만들고 싶은 마음을 누르고, 어머니가 원하는 옛날식으로 고기 음식과 부침개, 튀김요리 등을 해서 즐겁게 차려드린다. 그 딸의 효성을 보신 하나님은 축복을 주셨고 훌륭한 새 신랑을 만나 행복하게 살고 있다. 부모님이 원하는 대로 해드려 보자. 그것이 하나님을 기쁘게 해드리는 일이자 곧 자신에게도 축복이 된다고 말씀하시지 않는가?

18 환영 받아야 할 태아!

여성은 보통 임신 2, 3개월이 지나서야 임신의 증상을 깨닫게 된다. 몸이 불편해 혹시나 하고 병원을 찾으면 의사로부터 "축하합니다. 임신 3개월입니다"라는 말을 듣게 되는 것이다. 임신임을 알게 되면 남편은 "정말 기쁘다! 축복해요! 환영해요! 사랑해요! Great! Hurrah! Wonderful! Beautiful! Fantastic!"라는 세상의 모든 환영의 탄성을 지르며 아기를 환영해야 한다.

아기는 잉태 3개월이면 벌써 머리와 몸, 손가락, 발

가락의 모양이 생기고 청각기관이 거의 완성된다. 따라서 부모가 잉태를 기쁘게 받아들여야만 태아가 그것을 뇌와 가슴으로 느끼며 "아하! 엄마, 아빠가 나를 환영해 주는구나!" 하고 행복하게 자라난다. 그러나 상황이 이와 반대라면 어찌될 것인가? 환영받지 못하는 태아는 태내에서 어떻게 자라날 것인가?

 태아는 좋은 환경에서 잉태되어야 하며 더불어 태내에서 기쁘게 열 달을 보낼 권리가 있다. 태내 환경이 좋지 않았거나 임신부의 심신이 고달픈 상태에서 아기가 태어난다면 그 아기의 성공적인 인생은 기대하기 힘들다. 우리는 소음이 많은 공항 주변의 아기나 동물은 다른 조용한 지역에 비해 미숙아나 정신지체아가 많이 태어나며, 동물들도 새끼 생산율이 낮다는 보고가 있음을 심각하게 받아들여야 한다.

 창세기 30장에 나오는 꾀 많은 야곱은 외삼촌 라반에게 얼룩진 양과 염소를 자기의 분깃으로 달라고 한다. 그런데 37절 이하에 보면 다음과 같은 말씀이 나온다. "버드나무와 살구나무와 신풍나무의 푸른 가지를 취하여 그것들의 껍질을 벗겨 흰 무늬를 내고, 그 껍질 벗긴 가지를 양떼가 와서 먹는 개천의 물구유에 세워 양떼에 향하게 하매, 그 떼가 물을 먹으러 올 때에 새끼를 배니 가지 앞에서 새끼를 배므로 얼룩얼룩한 것과 점이 있고 아롱진 것을 낳은지라…"

하나님은 이미 창세기부터 사람은 물론 동물도 잉태할 때 주위 환경의 영향을 받는다는 말씀을 알려주셨으나, 우리는 미련하게도 21세기에 들어와서야 태교의 중요성을 논하고 있다. 태아는 우리 눈에 보이지 않기 때문에 자칫 무시되기 쉽다. 그러나 태내의 아기는 우리가 생각하는 것보다 훨씬 똑똑해 엄마의 마음상태에 따라 함께 기뻐하기도 하고 슬퍼하기도 하며 때로는 뛰거나 하품 혹은 딸꾹질도 하고 심지어 싸움도 한다.

창세기 25장 22절에는 리브가의 태중에 있는 야곱과

에서가 싸우는 장면이 나온다.

"아이들이 리브가의 태속에서 서로 싸우는지라…"

그들의 질투와 욕심의 감정은 이미 엄마 뱃속에서부터 발달했다. 그래서 서로 싸움도 하고 먼저 세상으로 나가려고 발꿈치를 붙잡거나 밀치고 밀기도 한다. 편견으로 자녀들을 키운 이삭과 리브가는 자녀교육에 크게 성공했다고 볼 수는 없을 것 같다. 그들은 서로 사랑을 나누기보다 시기와 미움으로 살았기 때문이다.

성경에는 성공적으로 태교를 한 어머니들도 있다. 그 대표적인 사람이 사무엘의 어머니 한나이다. 그녀는 하나님의 은혜로 아기를 잉태한 후, 그 얼굴에 다시는 슬픔이나 수색 없이 음식도 잘 먹으며 기쁜 마음으로 열 달을 보냈다고 성경은 기록하고 있다(사무엘 상 1장).

성경을 통해 예수님과 요한의 이야기도 살펴보자. 예수님의 어머니 마리아의 방문을 받은 엘리사벳이 문을 열며 맞이할 때, 엘리사벳 태중의 요한은 마리아 태중의 예수님이 찾아오심에 기뻐서 뛰놀았다고 누가복음 1장

41절에 나와 있다. 이 두 여인은 임신 기간에 하나님을 의지하고 찬양하며 아기들을 탄생시켰다.

태아는 우리가 생각하는 것보다 훨씬 높은 지능을 가지고 있다. 혹시라도 아빠가 임신을 환영하지 않았을 경우, 혹은 의심의 눈길로 아기의 잉태를 기뻐하지 않고 열 달을 지냈을 경우, 아기는 태내에서 불안하게 자라날 수밖에 없고 태어나서도 아빠를 사랑하지 않는 아이가 되고 만다.

어떤 아기는 태어나면서부터 아빠를 무척이나 싫어한다. 아빠가 옆에만 가도 울고 안아주면 더 큰소리로 울어서 할 수 없이 밖에 나갈 때나 교회에 올 때는 엄마 혼자 아기를 안고 기저귀 가방까지 메고 오느라 고생하는 것을 보기도 했다. 그 아기는 뱃속에서부터 아빠의 목소리를 듣기 싫어한 아기였다. 성숙하지 못한 남편이 임신한 아내를 매일 괴롭혔기 때문에 엄마가 싫어하는 아빠의 목소리를 결국 아기도 싫어하게 된 결과였다.

구약의 신명기 22장에는 처녀가 처녀성을 잃거나 잉태하면 돌로 쳐 죽이라는 하나님의 명령이 모세를 통해 기록되어 있다. 너무 끔찍한 이야기이지만 사실 처녀 몸에 잉태된 아기는 열 달 동안 엄청난 심리적 스트레스와 고통을 받기 때문에 제대로 자랄 수 없다. 그래서 하나님은 이미 아시고 시초부터 죄악을 없애시기 위해 그렇게 엄히 경고하지 않으셨나 생각해본다.

태의 열매는 하나님의 선물이라고 말씀하신다. 그러나 오늘도 많은 태아가 산부인과에서 죽어 나간다. 나는 중절 수술이 행해지는 모습이 텔레비전에 방영된 것을 본 적이 있다. 태아는 곧 죽임을 당할 것을 알고 엄마 뱃속에서 혼신의 힘을 다해 도망 다니는 비참한 모습이었다. 유산을 가장 많이 하는 나라, 국내 입양은 별로 없고 아직도 해외로 입양을 제일 많이 보내는 나라, 그래서 슬픈 사연이 많은 나라! 대한민국이다.

우리는 날마다 험악해지는 현실을 바라보며 슬퍼하

고만 있을 수는 없다. 기독교인이 앞장서서 우리의 아이들을 잘 가르쳐야 한다. 그래서 더 이상 이런 슬픈 사연이 없는 아름다운 나라를 만들어야 한다. 또한 모든 태아들이 행복하게 훌륭한 성품과 인격을 가지고 자라도록 좋은 나라를 건설하는 데 모두 앞장서야 한다.

명품가정, 명품자녀 만들기

1판 1쇄 찍음 / 2007년 8월 8일
1판 4쇄 펴냄 / 2017년 6월 1일

지은이 / 김영실
펴낸이 / 박창조
펴낸이 / 배동선
마케팅부 / 최진균
총무부 / 이다혜
펴낸곳 / 아름다운사회

출판등록일자 / 2008년 1월 15일
등록번호 / 제2008-1738호

주소 / 서울시 강동구 성내동 419-28 아트빌딩 2층 (우: 05403)
대표전화 / (02)479-0023
팩스 / (02)479-0537
E-mail / assabooks@naver.com

ISBN : 978-89-5793-141-7 03320

* 잘못된 책은 교환해 드립니다.

6,000원